本项图书研究得到了
北京东宇全球化人才发展基金会的支持

全球智库

Global Think Tanks

苗绿　王辉耀◎著

人民出版社

自 序

2016 年,世界格局跌宕起伏、波澜壮阔;2017 年,全球经济面临前所未有的挑战。"英国脱欧""特朗普新政"……一只只"黑天鹅"飞过的背后,是各种逆全球化思潮、贸易保护主义的抬头。当"不确定性"成为最确定的事件时,智库的重要性愈发凸显。能够未雨绸缪地关注到全球经济政治新动向,可以为政府提供理性、前瞻性的政策建议,成为这个时代赋予智库的历史使命。

现代意义上的智库,可以追溯到 19 世纪末 20 世纪初,以美国为例,卡内基国际和平基金会(Carnegie Endowment for International Peace)、布鲁金斯学会(Brookings Institution)是那个时期智库的典型代表,这些智库十分强调研究的独立性与科学性,它们的运作模式更接近于研究型大学,因此被称作"没有学生的大学"。"二战"以后尤其是 20 世纪 60 年代以来,在冷战和技术革命等因素的作用下,世界政治格局和经济秩序发生重大变化,智库影响日益发酵,逐渐成为国家治理体系的重要单元,以兰德公司(RAND Corporation)、战略和国际问题研究中心(Center for Strategic and International Studies)、传统基金会(The Heritage Foundation)等为代表的智库深刻影响着美国的政治、经济、外交等方方面面。随着各国对智库重要性的认识,目前全球 200 多个国家和地区的智库数量已近 7000 家,正如智库研究学者唐纳德·E.埃布尔森

（Donald E.Abelson）教授所言,近年来智库已经成为一种"全球现象"。

然而,我们发现,进入 21 世纪后,世界范围内每年新成立的智库数量出现了下降的趋势,相较于 20 世纪最后 10 年,平均每年新增智库数量超过 140 家,21 世纪头 15 年内,全球每年新增智库数量下降为 109 家。这种现象背后的深层次原因何在? 2015 年 10 月,《华盛顿邮报》上一篇来自 Amanda Bennett 的文章"Are think tanks obsolete?"将当今智库生存环境的脆弱表露无遗。全球的智库正面临着种种大考:金融危机"后遗症"不但影响了世界各国,更波及各大智库,很多国家及地方政府削减了公共政策研究的财政投入,某些国家比如加拿大一些曾颇具规模和影响力的智库在金融危机后因"资金无法持续"等问题相继倒下;媒体、咨询公司等成为智库强有力的竞争对手;大数据时代则考验着智库研究人员的数据"掌控力",移动互联网、新媒体也在检验着智库的"传播力"……

我们也发现,大考面前,有些智库却能脱颖而出,比如成立于 2005 年的布鲁盖尔国际经济研究所(Bruegel)在不到 10 年的时间里,迅速成长为一家国际顶尖的经济政策智库,还有些智库可以做到"百年长青",比如成立于 1916 年的布鲁金斯学会。我们不禁要问,当竞争日益激烈时,为什么有些智库能够快速适应新环境,保持"长盛不衰"? 为什么有些智库可以迅速崛起,与世界顶尖智库并驾齐驱? 是什么样的组织架构与战略规划让它们得以"新生"? 哪种类型的领导力与文化有助于智库的发展? 什么样的融资举措值得其他智库借鉴?

带着这些问题,我们精心挑选了美国、英国、德国、墨西哥、意大利、比利时、印度、中国、加拿大、日本等国家的三十多家智库作为考察对象,这些案例中既有历史悠久的"百年智库",也有时日尚短的"年轻智库",既有规模很大的"超级"智库,也有人数较少的"微型"智库。这些有着不同历史背景、不同研究领域的智库都是各国智库中的"佼佼者",它们的实践有着很好的借鉴意义,从中我们也找到了问题的答案,那就是创新是它们成为"佼佼者"的关键。为了使本书内容更翔实、可操作性更强,CCG还联合宾夕法尼亚大学智库研究项目(TTCSP)、光明日报智库研究与发布中心、西南财经大学发展研究院举办了国内首次专门围绕智库创新的"2016中国智库创新峰会",邀请了皇家国际事务研究所(the Royal Institute of International Affairs)、国务院发展研究中心等国内外顶尖智库的代表,围绕智库创新进行经验介绍与交流。一次次的思想碰撞积累了丰富的素材,为本书的写作奠定了基础。

2008年,我们共同创办了全球化智库(CCG),近十年来我们走访了几十家国际知名智库,与上百位国内外智库专家深入交流探讨,对国际智库的运行之道了然于心。CCG每年出版10余部中英文研究著作,每年举办学术论坛、智库研讨会等近百场,每年向中国政府有关部委提交建言献策报告百余份,影响和推动着政府的相关政策制定。作为中国特色新型智库的探索者与实践者,我们在运营智库的同时,也将多年的社会智库运营经验与管理心得总结升华,于2014年在人民出版社推出了《大国智库》一书,分析了全球化时代世界各国智库的发展情况,从宏观着眼,总结了国际智库发展的规律与作用,并勾勒出未来中国智库的发展路径与前景。2016年我们在中信出版社出版《大国背后的"第四力量"》一书,从微观入手,将智库的运营与管理总结为"思想创新力、研究支撑力、社会传播力、国际输出力和政策影响力"的"五力模型"。我们即将出版的《全球智库》一书,集中了包括布鲁金斯学会、布鲁盖尔国际经济研究所、彼得森国际经济研究所(Peterson Institute for International Economics)、欧洲对外关系委员会(European Council on Foreign Relations)、墨西哥对外关系委员会(Mexican Council on Foreign Relations)、世界资源研究所(World Resources Institute)、国务院发展研究中心、中国社会科学院等国内外知名智库的最新创新案例,我们将创新型智库建设的五大基石归纳为,共享领导、文化塑造、知识管理、组织管理与战略规划,并总结出智库系统化创新的五大维度,即人才、研究、传

播、资金与合作。

"当代中国正经历着我国历史上最为广泛而深刻的社会变革，也正在进行着人类历史上最为宏大而独特的实践创新。这种前无古人的伟大实践，必将给理论创造、学术繁荣提供强大动力和广阔空间。这是一个需要理论而且一定能够产生理论的时代，这是一个需要思想而且一定能够产生思想的时代。"①今天的中国，正逐渐成为世界大国，全世界都在期待着中国智慧与中国方案，这是时代赋予中国智库的历史契机。

党的十八大以来，习近平主席多次提出加强中国特色新型智库建设，强调治国理政必须善于集中各方面的智慧，凝聚最广泛的力量。2015 年，中共中央办公厅、国务院办公厅联合印发了《关于加强中国特色新型智库建设的意见》，这是新中国成立以来第一个推动智库发展的纲领性文件。2017 年 2 月，中央全面深化改革领导小组第三十二次会议审议通过了《关于社会智库健康发展的若干意见》，专门就社会智库的发展做出重要指示，对社会智库的发展具有重要的里程碑意义，中国智库发展正迈入一个全新的时代。在新的时代背景下，中国智库只有不断创新，才能在全球秩序重构、中国特色理论构建的历史机遇中把握住机会，才能不负时代所托，在资政启民的道路上有所作为。

全球化智库（CCG）主任　　王辉耀博士

全球化智库（CCG）秘书长　　苗　绿博士

2017 年 8 月

---

①　习近平主席在哲学社会科学工作座谈会上的发言。

Preface

P E R F A C E

The world experienced various kinds of ups and downs in 2016 and has confronted with unprecedented economic challenges in 2017. The new international affairs dynamics – a result of events such as Brexit and the changes brought on by the newly-elected Trump administration – represents the rise of de – globalization and trade protectionism. But all the uncertainties indicate such a certain issue: the importance of think tanks becomes increasingly apparent. Today's think tanks shoulder the historical tasks of detecting global political and economic trends in advance as well as provide governments with rational and prospective suggestions.

Modern think tanks can trace their origins back to the late nineteenth century and early twentieth century. For example, the United States had many think tank paradigms during that time, such as Carnegie Endowment for International Peace and Brookings Institution. These think tanks thought so highly of the independency and scientific authenticity of their research that they operated as research universities, or called as "the universities without students." After World War II (particularly since 1960s), the Cold War and technology revolution catalyzed the change in international political structure and economic order. As a result of the changes, think tanks expanded their influence and developed into a crucial unit of national governance system. Think tanks such as RAND Corporation, Center for Strategic and International Studies, and the Heritage Foundation have had profound impacts on America's politics, economics, and diplomacy, etc.

Nowadays, more and more countries are increasingly recognizing the importance of think tanks, with the total number of think tanks hitting 7,000 all over the world. As a think tank scholar Professor Donald E. Abelson put it, think tanks have become a "global phenomenon."

However, studies have shown that since entering the 21st century, the number of new established think tanks has declined from year to year. Compared the 1990s when over 140 think tanks in the world were born every year, the first 15 years of the 21st century only saw birth of 109.

What contributed to this new phenomenon? In October 2015, Amanda Bennett published an article in the Washington Post called *Are Think Tanks Obsolete?*, which revealed the vulnerable environment and various challenges of today's think tanks. First of all, the financial crisis of 2008 resulted in the government budget cuts on public policy research institutes worldwide. Countries such as Canada have gone as far as shut down some once-influential think tanks due to a lack of funding. In addition, media and consulting firms are proving themselves to be strong competitors of think tanks. The arrival of the big data era also posed new challenges to researchers on data analytical skills. Internet and new media force the think tanks to expend their methods in spreading their influence…

Despite the challenging context, we still found that some think tanks stand out. For instance, the Brussels-based economic think tank Bruegel, established in 2005, has grown into a top international economic policy think tank within 10 years. Some think tanks, such as Brookings Institution that was founded in 1916, have survived more than a hundred years and have maintained their influences till this day. We cannot help but ask ourselves why some think tanks can quickly adapt to the new environment and why some have been able to stand strong through more than one hundred years. What structural, organizational, or strategic measures enable them to stay strong and prosperous? What kind of leadership and culture can help with the development of think tanks? What financing approaches can we learn from these cases?

With these questions in mind, we carefully selected around thirty think tanks from the U.S., the U.K., Germany, Mexico, Italy, Belgium, India, China, Canada and Japan. These case studies include long-lasting and newborn, as well as large and small think tanks. These think tanks are the most phenomenal ones in their respective realms, and their practices thus very authoritative and successful. Studying them, we conclude that the answer to the aforementioned questions is innovation.

To ensure the adequate depth and accuracy of our research, CCG invited TTCSP, the Center of Think Tank Research and Communication at Guangming Daily, and Southwestern University of Finance and Economics School of Development and Research to jointly host the first "2016 China's Think Tank Innovation Summit" in China, which was the first summit ever that really focuses on think tank innovation. CCG also invited representatives from the Royal Institute of International Affairs in London, Development Research Center of the State Council, and other top think tanks at home and abroad, to discuss the future of think tank innovation. All the ideas from the summit greatly contributed to this book.

In 2008, We co-founded the Center for China and Globalization (CCG). In this first ten years, we visited dozens of internationally

well‐known think tanks and communicated with hundreds of think tank scholars in depth, after which we developed profound and comprehensive understanding of the operation principles in international think tanks. Every year CCG not only issue over ten Chinese and English research publications, host around a hundred think tank seminars, but also submit over a hundred policy suggestion reports to China's government that influence and push for the government's policy‐making process. As explorers and practitioners of new types of think tanks with Chinese characteristics, we keep reflecting and summarizing our experience from think tank operation and management, which led to the publishing of the book *Great Powers' Think Tanks* in 2014 at People's Publishing House. In the book, we analyzed the development of think tanks in all countries in the globalization era, macroscopically summarized the pattern and functions of the development of international think tanks, and depicted the route and blueprint the development of China's think tanks. In 2016, we published another book named *The Fourth Power behind Great Nations* at the CITIC publishing group. Based on our microscopic analysis, this book introduces a "Five Abilities Model" that includes idea innovation ability, research ability, social communication ability, international export ability, policy influence ability. We are going to publish another book called *Global Think Tanks*, where we will examine cases of domestically and internationally famous think tanks, including Brookings institution, Bruegel, Peterson Institute for International Economics, European Council on Foreign Relations, Mexican Council on Foreign Relations, World Resources Institute, Development Research Center of the State Council, and Chinese Academy of Social Science, and come up with five cornerstones of the development of innovative think tanks. The five cornerstones are leadership sharing, culture shaping, managing knowledge, organizational management and strategy planning. Based on the cornerstones, we will highlight five dimensions for think tanks to follow when they conduct systematical innovation: scholars, research, communication, funding, and cooperation.

As Chinese President Xi said, nowadays China is experiencing the broadest and the most profound social revolution ever in our history, which also marks the greatest and unique practice and innovation in the history of human beings. Such great innovations will definitely offer impulses and enormous space for academic prosperity and theoretical creativity. This is an era when people call for theories and the society will nourish theories. This is also an era when people call for new thoughts and the society will nourish new thoughts. Today's China is transforming from a regional power to a global power, and the whole world is expecting to see Chinese wisdom and strategies. Given this exciting context, China's think tanks are blessed with historic opportunities.

Since the 18th National Congress of the Party in 2012, President Xi has been emphasizing on the construction of new types of think tanks with Chinese characteristics and the importance of collective wisdom. In 2015, the CPC Central Committee and the State Council of China jointly issued the *Measures on Strengthening the Construction of New Types of Think Tanks with Chinese Characteristics*, which is the first guiding document on the development of think tanks in China. In February 2017, the Chinese top leaders and the Leading Group of Comprehensive Deepening of Reform issued a milestone document in China's think tank history, *Promoting Healthy Development of Social Think Tanks*, which gives important instructions to the development of social think tanks.

China's thinktanks are stepping into a prosperous era, but only contin-

uous innovation will enable them to grow up and contribute to the transfor-
ming of global order with Chinese wisdom and enlightening the public as
well as facilitating the policymaking process.

President of the Center for China and Globalization Dr.Wang Huiyao

Secretary General of the Center for China and Globalization Dr.Miao Lv

August, 2017

目 录

CONTENTS

Contents

Part 3：Global Think Tanks Innovation Case study ······ / 59

PART 1

智库：不创新，就灭亡

纵观人类发展历史，创新始终是一个国家、一个民族发展的重要力量，也始终是推动人类社会进步的重要力量。不创新不行，创新慢了也不行。

认识智库

思想库是一种稳定的、相对独立的政策研究机构,其研究人员运用科学方法对广泛的政策问题进行跨学科的研究。在与政府、企业及大众密切相关的政策问题上提出咨询。

——保罗·迪克逊(Paul Dickson)

什么是智库

"智库",英文为 Think Tank,最初指二战期间,美国国防专家和军事要员在隐蔽地带讨论军事战略,如同"装满思想的坦克"。[①] 二战前后,以布鲁金斯学会(Brookings Institution)、兰德公司(RAND Corporation)、传统基金会(The Heritage Foundation)、卡特中心(Carter Center)等为代表的智库纷纷崛起,并成为影响各国经济、军事、外交等重大决策的"第四力量"[②]。

什么是智库?学术界目前并没有统一的定义。

1971 年,保罗·迪克逊(Paul Dickson)发表了第一本介绍美国智库形成与发展的著作《思想库》(*Think Tanks*),他在书中写道,思

[①] 卢咏:《第三力量:美国非营利机构与民间外交》,社会科学文献出版社 2011 年版。

[②] 1971 年,保罗·迪克逊(Paul Dickson)在《思想库》(*Think Tanks*)一书中把思想库看作是继立法、行政和司法之后的"第四种权力"。

想库是一种稳定的相对独立的政策研究机构,其研究人员运用科学方法对广泛的政策问题进行跨学科的研究。在与政府、企业及大众密切相关的政策问题上提出咨询。自保罗·迪克逊后20年间,西方学术界很少再出现关于智库研究的重要著作,一直到20世纪90年代,对智库的研究和探讨才逐渐成为热门话题。日本智库研究专家 Takahiro Suzuki 认为,"智库是从事公共政策研究的机构"。① 智库研究学者戴安娜·斯通(Diane Stone)认为,智库收集、消化和创造出一系列思想产品,主要是为政治和政府机构决策,有时也为媒体、利益团体、企业、国际机构和公共社会大众服务的组织。② 智库研究专家 Donald Abelson 认为,"智库专门创造,重组和推广思想给公共政策制定者与公共大众。"③虽然定义不尽相同,但都有一定的共识,我们认为,智库实际上就是专门影响政府公共政策决策和制定的思想工厂,智库要有独立的思想产品和政策建议,能够影响媒体和大众对公共政策制定的关注和参与,能更好地服务于关系到社会大众的公共政策的发展、决策、制定与实施。④

坎贝尔(John L.Campbell)与彼得森(Ove K.Pederson)研究发现,不同国家的生产体制(production regimes)和决策体制(policy-making regimes)影响了这个国家的知识体制(knowledge regimes)形态。⑤ 简言之,不同国家之间政治体制有别,决策过程存在诸多差异,因此,智库在各自的国家社会中扮演的角色不尽相同。当然,除政治体制外,

---

① 帕瑞克·克勒纳(Patrick Koellner):《智库概念界定和评价排名:亟待探求的命题》,《中国行政管理》2014年5月。

② Diane Stone."Think Tanks", in Neil J.Smelser and Paul B.Baltes eds, *International Encyclopedia of the Social & Behavioral Sciences*, Oxford:Elsevier, 2001. pp. 15668-15671.

③ Donald E.Abelson, "The business of Ideas:The Think Tank Industry in the USA",in Diane Stone and Andrew Denham eds,*Think Tank Traditions:Policy Research and the Politics of Ideas*,Manchester University Press,2004.

④ 王辉耀、苗绿:《大国智库》,人民出版社2014年版。

⑤ 郑永年等:《内部多元主义与中国新型智库建设》,东方出版社2016年版。

社会文化、法律法规等都会对智库的角色产生影响。美国智库之所以如此繁荣,甚至被学者视为继立法、行政和司法之后的"第四种权力",主要归结于其独特的政治文化、开放的政治体制、完善的法律法规、雄厚的资金支撑以及便利的"旋转门"机制。正如布鲁金斯学会国际顾问委员会主席艾格特梅尔(Antoine Van Agtmael)所言,政治的去中心化和多元的政治文化使智库有机会影响政策,很多学者希望通过自身对信息和知识的掌握帮助政府制定更好的政策,而美国的慈善传统与基金会文化则为他们提供资金支持。有需求,有人才,有资金,这就是美国智库繁荣发展和产生影响力的原因。①

智库何以崛起

智库的崛起与现实的政治需求密不可分。随着社会、经济、科技等方面的发展,公共政策问题越来越复杂,于是,不管是发达国家还是发展中国家,政府部门都面临着一个共同的问题:如何用专业知识为政策决策服务?智库作为相对独立的、稳定的研究机构,恰恰成为问题的答案,因为"智库能够将各学科的科学思维应用于政策的制定过程中,可以说是权力和知识的桥梁"②。

毫不夸张地说,智库已成为一种全球性现象,今天,智库已在全球 200 多个国家和地区生根发芽。根据《2016 全球智库报告》(*2016 Global Go To Think Tank Index Report*),截止到 2016 年 12 月,全球智库数量达到了 6846 家。不仅仅是智库的数量在增加,它们的研究领域范畴及社会影响力同样得到了戏剧性的扩张。从国内经济政策、教育政策、能源政策、卫生政策、环境政策、科技政策、政府治理到国防与国家安全、外交政策、国际经济政策、全球卫生政策及国际化发

---

① 王莉丽:《智力资本——中国智库核心竞争力》,中国人民大学出版社 2015 年版。
② 耶海兹克尔(YehezkelDror)。

展政策,均被纳入智库涉猎范围。

从已经过去的 20 世纪与我们正在经历的 21 世纪出发,可以把智库的崛起归结为以下因素。

1. 全球化浪潮

以 1492 年哥伦布发现美洲新大陆为标志,西欧国家借助远洋航海技术开辟海上航线,进入美洲和亚洲,将世界连接在一起,实现了国际性的贸易往来。货物的全球化使经济全球化初露端倪,世界迎来了全球化的第一个浪潮。在随后的 500 余年里,由货物的全球化引发了资本的全球化、人才的全球化以及信息的全球化。毫无疑问,全球化已成为改变世界的关键力量。Martell 在《全球化理论的第三波浪潮》("The Third Wave in Globalization Theory")中写道:"随着人们消费着来自世界各地的文化产品并以此取代对祖国文化的依赖时,国与国之间的差异正逐渐消散。而互联网、国际电视直播网络、移民与旅游等则成为促成这一现象的主要因素。"[①]在全球化浪潮下,所有国家都需要进行重新"自我定位":建立全新的市场、保护国家战略资源、吸收新的资讯与科技以及明确在全球化进程中可能产生的转型风险与威胁……国家的政策需求促进了各国智库的崛起。

进一步来看,全球化又促使智库演变为跨越国界的机构,不论是研究议题上还是区域分布上。

全球气候变暖、大规模杀伤性武器的扩散、流行性疾病、恐怖主义……一系列全球性问题要求智库需要具备全球视野,进行国际化议题的研究。布鲁金斯学会在国防与安全、能源与环境、全球发展、国际事务、法律与正义、都市治理等领域;美国国际战略研究中心在国防与安全政策、全球卫生问题、能源与气候变化、经济与贸易等领

---

① Martell,Luke."The Third Wave in Globalization Theory." *International Studies Review* 9,No. 2 (2007),pp.173-196.

域;卡内基国际和平基金会在民主与法制、能源与气候、核武器政策、俄罗斯与欧亚大陆等领域都拥有国际话语权。

进入新世纪以后,卡内基国际和平基金会提出了智库发展愿景:成为第一个全球性智库。2005 年,基金会设立中国中心,随后相继开辟出中东中心和欧洲中心,根据规划,还将在亚洲的印度以及拉丁美洲建立研究中心,逐步形成其全球网络。卡内基国际和平基金会只是国际智库进行全球布局的一个缩影,布鲁金斯学会、瑞典的斯德哥尔摩国际和平研究所(SIPRI)、英国的国际战略研究所(IISS)、日本的野村研究所……各国智库纷纷开疆辟土,成为跨越国界的机构。

2. 国际角色数量的增长

根据国际组织联盟(Union of International Associations,UIA)发布的《国际组织年鉴》显示,目前登记在册的国际组织已超过 68000 家,并且每年都有大约 1200 家新组织诞生。① 联合国成员国数量则从 1945 年的 51 个创始成员国发展到 193 个成员国。此外,跨国企业的数量也经历了戏剧性地增长,20 世纪 70 年代末,跨国公司仅有 1 万多家②,三十多年后,这个数字已上升到 8 万余家,在这 8 万家跨国公司中,2010 年,规模前 100 位的非金融跨国公司全球生产带来的增值达到 16 万亿美元,占全球 GDP 的 1/4③。跨国公司几乎遍布各国的经济领域与产业部门,成为左右世界经济动向的重要力量。

国家政府、政府间组织(Inter-government Organization,IGO)、跨国企业(Transnational Corporation,TNC)以及非政府组织(Non-governmental organization,NGO)等国际角色数量的迅速增长,对智库产

---

① "The Yearbook of International Organizations." http://www.uia.org/yearbook.
② 这些跨国公司在全球拥有 4 万多家子公司。
③ 《跨国公司发展的新趋势新特点和对我国的启示》,《中国经济时报》2013 年 7 月 15 日。

生了更多的需求,也为智库提供了更多的支持与发展空间。

3. 信息和科技革命

根据国际电信联盟(International Telecommunication Union,ITU)发布的《衡量信息社会发展报告》显示,到 2015 年,全球互联网用户已达 32 亿,占全球人口的 43.4%。ITU 预测,到 2020 年,这一占比有望达到 53%。在全球互联网蓬勃发展的大背景下,推特(Twitter)、脸书(Facebook)、博客、微博、微信等新媒体手段,为智库研究成果的发布提供了一个优质而廉价的渠道,成为智库扩大自身影响力的重要依托,正如安德鲁·西雷(Andrew D.Selee)所言,"如果说对于大型智库,社交媒体提供了接触更广泛和更多样受众途径的话,那么对于小型智库来说,社交媒体提供了廉价而高效的途径去开拓思想市场。"①新的信息与科技革命,大大提高了小型智库的生存能力。

4. 复杂、棘手的政策问题

面对日益复杂的内政外交,各国政府纷纷寻求智库的帮助。政策制定者在实践中发现,对于一些备受瞩目的、敏感度高的或者跨领域的问题,尤其是在严苛的时间限制的条件下,智库比政府本身更为擅长提供解决方案。如 2008 年金融危机后,"购买美国货"的声浪在美国本土此起彼伏,新经济刺激计划中被要求加入相应保护主义的条款,然而,这种贸易保护主义势必进一步恶化本已不堪重负的国际贸易和经济形势。在巨大压力下,奥巴马政府要求彼得森国际经济研究所(Peterson Institute for International Economics)在 48 小时内拿出一份关于贸易保护主义行为的评估报告。这家智库组织专家运用一般均衡分析法迅速给出了贸易保护主义负面影响的具体估算结果。

---

① Andrew D.Selee,*What Should Think Tanks Do? A Strategic Guide to Policy Impact*, Stanford University Press,2013.

奥巴马政府在引用了彼得森研究所的研究结论后,成功敦促国会停止施压,新经济刺激计划中鼓励"购买美国货"的条款随之被撤除。

"智库的兴起源于整个西方治理体系与公共政策范式的转变。为了提高治理的效率,专业知识成为决策参与者的必需品,智库重要性日益凸显。"①当全球化成为改变世界的关键力量,当各国决策者面对的政策问题越来越复杂,当国际角色的数量与日俱增,当信息与科技大大提升了小型智库的生存能力的时候,智库在世界大多数国家开始崛起。

全球智库发展最新动向

尽管智库数量有增有减,但不可否认的是,智库持续扩展着其在各个国家的影响力,不管是发达国家还是发展中国家。

——詹姆斯·麦甘(James G. McGann)

发展现状

根据《2016 全球智库报告》(*2016 Global Go To Think Tank Index Report*)②,截至 2016 年 12 月,全球智库数量达到 6846 家,自 2008 年金融危机以来,呈现出平稳发展态势。

北美和欧洲是传统智库大国集聚地,根据《2016 全球智库报告》(*2016 Global Go To Think Tank Index Report*)显示,北美洲拥有 1931 家智库,其中美国占比 95%以上。欧洲共拥有 1770 家智库。北美和欧洲智库占全球智库的比例接近 55%。

---

① 郑永年等:《内部多元主义与中国新型智库建设》,东方出版社 2016 年版。
② 本报告由美国宾夕法尼亚大学智库和公民社会研究项目小组于 2016 年 1 月发布。

（单位：家）

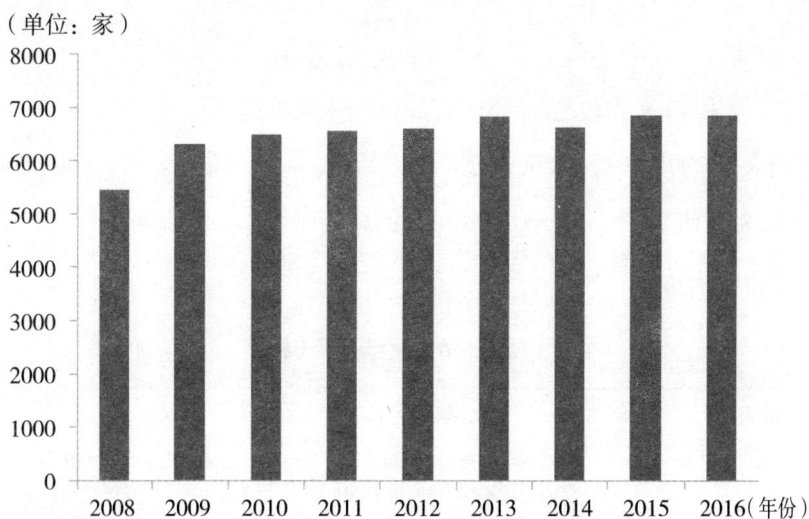

图 1-1　2008—2016 年全球智库数量变化情况

资料来源：2008—2016 年，*Global Go To Think Tank Index Report*。

表 1-1　世界智库地区分布数量及百分比（2016 年）

地区	智库数量（家）	百分比（%）
北美	1931	28.2
欧洲	1770	25.9
亚洲	1262	18.4
中南美洲	774	11.3
撒哈拉以南的非洲	615	9
中东和北非	398	5.8
大洋洲	96	1.4
总和	6846	100

资料来源：《2016 全球智库报告》（*2016 Global Go To Think Tank Index Report*）。

　　北美和欧洲也是传统智库强国集聚地，这两个区域的智库不但数量众多，历史悠久，影响力也更为深远。根据 2016 年最新智库排名，欧美国家的智库包揽了全球智库前十强。其中，美国智库独占六席，除了布鲁金斯学会多年蝉联全球第一智库外，战略和国

际问题研究中心、卡内基国际和平基金会、兰德公司、伍德罗·威尔逊国际学者中心以及外交关系协会,分别占据着第四、第五、第七、第八和第十的位置。全球智库前十强中,剩余四个位置分别被来自英国的查塔姆社、来自法国的国际关系研究所、来自比利时的布鲁盖尔研究所以及来自巴西的热图利奥·瓦加斯基金会所占据。

表 1-2　2016 年全球前十大智库

排名	智库名称	国家
1	布鲁金斯学会 (Brookings Institution)	美国
2	查塔姆社 (Chatham House)	英国
3	法国国际关系研究所 (French Institute of International Relations)	法国
4	战略与国际问题研究中心 (Center for Strategic and International Studies)	美国
5	卡内基国际和平基金会 (Carnegie Endowment for International Peace)	美国
6	布鲁盖尔研究所 (Bruegel)	比利时
7	兰德公司 (RAND Corporation)	美国
8	伍德罗·威尔逊国际学者中心 (Woodrow Wilson International Center for Scholars)	美国
9	热图利奥·瓦加斯基金会 (Fundacao Getulio Vargas)	巴西
10	外交关系协会 (Council on Foreign Relations)	美国

资料来源:《2016 全球智库报告》(2016 Global Go To Think Tank Index Report)。

近年来,随着新兴国家的崛起,亚洲、中南美洲,以及撒哈拉以南的非洲地区的智库数量也出现了大幅增长,尤其是亚洲智库数量经历了快速增长,《2016 全球智库报告》显示,亚洲智库数量占全球智库数量近五分之一。

通过分析全球智库百强,我们发现以下几方面的问题。

从区域分布来看,亚洲、非洲、南美、大洋洲均有一定数量的智库进入全球智库百强行列,分别占比 23%、6%、4% 及 2%。

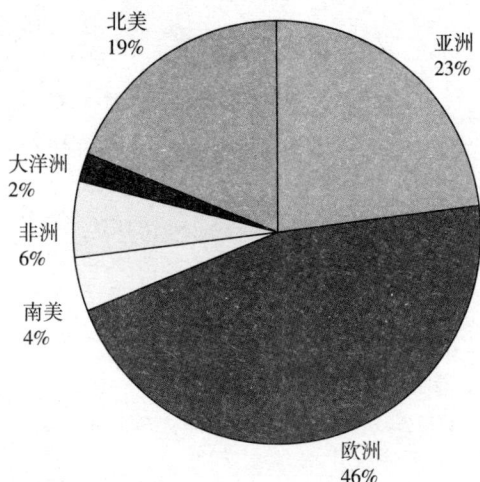

图 1-2　全球智库百强区域分布情况

资料来源:《2016 全球智库报告》(*2016 Global Go To Think Tank Index Report*)。

从全球百强智库在亚洲、非洲、南美、大洋洲的国家分布来看,主要散落于中国(6 家)、韩国(5 家)、南非(4 家)、新加坡(3 家)、土耳其(3 家)、日本(2 家)、澳大利亚(2 家)、马来西亚、黎巴嫩、印度、印尼、委内瑞拉、巴西、肯尼亚、埃及(各 1 家)等 15 个国家。

值得一提的是,中国社会智库发展迅猛并得到国际社会的关注和认可。以全球化智库(CCG)为例,CCG 不但与天则经济研究所、人大重阳金融研究院一起再次登上全球智库排名 175 强的榜单,还在亚洲大国(中国、印度、日本、韩国)智库 90 强、全球最值得关注智库 100 强、全球最佳社会智库 150 强、最佳创意和模式创新智库、全球最佳互联网应用智库、杰出政策研究智库、全球最佳媒体应用、全球最佳社交媒体和网络应用智库、全球最佳机构合作智库等众多榜单中表现抢眼。

（埃及 荷兰 瑞士 肯尼亚 丹麦 巴西 委内瑞拉 乌克兰 印尼 阿根廷
马来西亚 黎巴嫩 印度：1)

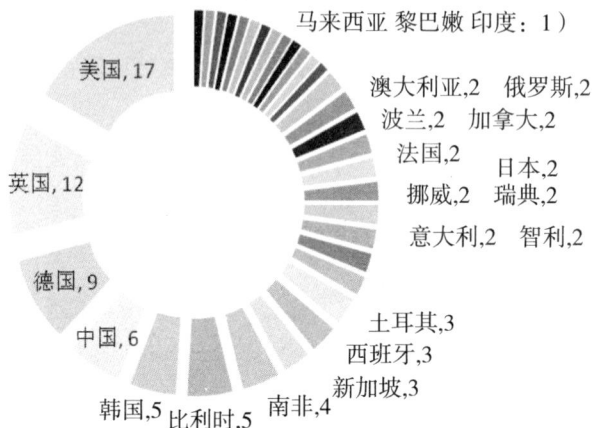

美国,17

英国,12

德国,9

中国,6

韩国,5　比利时,5　南非,4　新加坡,3　西班牙,3　土耳其,3

意大利,2　智利,2

挪威,2　瑞典,2

法国,2　日本,2

波兰,2　加拿大,2

澳大利亚,2　俄罗斯,2

图 1-3　全球百强智库国家分布情况

资料来源：《2016 全球智库报告》（*2016 Global Go To Think Tank Index Report*）。

发展趋势

智库的发展与时代背景以及政治决策需求密切相关。2016 年，世界格局跌宕起伏，"英国脱欧""特朗普逆袭"……各种逆全球化思潮盛行，贸易保护主义抬头，全球经济面临前所未有的挑战。在新的时代背景下，能否未雨绸缪地关注到全球经济政治新动向，为政府提供专业且前瞻的政策建议，成为未来智库能否"立足"的关键。综合来看，全球智库发展将呈现以下趋势与特点。

1. 发展格局表现为"量"变到"质"变的转化，全球智库数量将呈平稳发展态势，智库结构与服务功能上的突破将成为未来重要特点

从 2008 年至 2016 年全球智库数量变化来看，基本呈现一个平稳发展状态。分区域观察，无论是北美、欧洲等老牌智库强国，还是亚洲等新兴智库国家均呈现较为平稳的发展趋势。金融危机后，全球智库数量增长较为缓慢，欧美地区的智库数量基本呈现饱和状态，进入内部整合阶段。

从全球思想市场来看，媒体、咨询公司、律师事务所等都成为智库的重要竞争对手，随着思想市场竞争的激烈，智库要想获得更多话语权，最根本的还需要生产出高质量、专业的研究成果。因此，全球智库发展格局上将表现为"量"变到"质"变的转化，智库结构与服务功能上的突破将成为未来智库发展的重要特点。

2. 研究领域更趋向专业化、特色化，并注重跨学科研究

国际上一些大型智库，比如兰德公司成立初期主要从事军事领域的研究，随着国内外形势的发展，其研究领域逐步扩大到社会、经济、能源等诸多方面，形成了"大而全"的研究方向。兰德公司这种通过综合化发展，实现"强者愈强"的发展路径并不适合大多数智库，尤其是新兴智库，他们的选择将是专业化、特色化的发展方向，并通过开展跨学科研究的方式，从而多视角把握该领域的全局态势，提出更具针对性与建设性的政策建议，更好的发挥智库的影响力。事实上，即使是兰德公司，也有自己的重点领域比如军事战略研究，其他比如布鲁金斯学会的中东政策研究、美国进步中心的公共政策研究、彼得森国际经济研究所的国际经济政策研究、皮尤研究中心（Pew Research Center）的民调项目等都形成了独特的研究特色。

中国目前正处于创新驱动发展、经济转型升级的战略机遇期，各种新问题层出不穷，气候治理、生态保护、食品安全、信息安全等诸多专业领域需要智库的智力支撑，相关专业型智库将有很大的发展空间。

3. 传播方式趋向于根据受众特点，利用新技术，将研究成果以"最合适的方式、在最合适的时间、交给最合适的人"

智库的受众包括政策制定者、媒体和公众。忙碌的政策制定者

每天能够阅读智库报告的时间非常少,而公众对移动设备依赖性的增加,也开始习惯于碎片化阅读,所以过去动辄几百页的研究报告或白皮书,已经无法吸引受众的目光。在新的时代背景下,智库要实现将研究成果以"最合适的方式、在最合适的时间、交给最合适的人",就需要根据受众特点,进行研究成果的传播与营销。比如,国际上各大智库纷纷创办新媒体平台,运用微博、微信、Facebook、Twitter、LinkedIn、Podcast 等传播研究成果。互联网、社交网络、云技术等新技术的发展,为不同类型,不同规模的智库创造了一个相对平等的传播平台,即使是小规模新兴智库,也可以方便快捷地传播与分享他们的研究成果。

目前,很多中国智库缺乏宣传推广的意识。一方面,这与他们具有官方背景,不存在研究经费问题,不需要通过研究成果的传播获得社会资助有很大关系;另一方面,很多智库由学术科研机构转型而来,智库研究者们往往习惯于在自己的圈子内部进行交流,缺乏向社会公众传播普及的意识。中国智库在新媒体传播方面还需"快马加鞭",增强传播意识与传播能力,比如通过建立和完善英文网站,向世界介绍最新的政策研究成果和活动内容,以及中国参与全球化的新动态,推动世界范围内中国声音的传播和中国形象的提升。

4. 国际化是各国智库发展的重要趋势

进入全球化时代后,各国真正体会到所谓的"唇亡齿寒"的含义,一个国家的内部事务不再仅仅关乎其自身,而可能给世界其他国家带来影响。对智库而言,必须拥有更为广阔的视野,因此,国际化逐步成为当代智库发展的重要特征和方向。目前世界发达国家的智库发展已呈现明显的国际化特征,国际影响力十分巨大。继货物贸易和资本的国际化之后,全球化进入第三阶段,以资本、人才、技术等的全球性流动为特征,尤其是信息技术革命深刻地影响着全球经济发展乃至人类生活的各个方面。第三次全球化涉及经济、政治、社会等各个领域的方方面面,各个国家都需要把握住机遇,不被历史的车轮淘汰,因而研究其形成机理,制定应对措施,就成为各国智库的重要内容。智库国际化主要包含五个方面:研究领域国际化、研究视角的国际化、人才队伍的国际化、影响力国际化和传播方式的开放性。

全球化是各国智库发展的重要趋势。美国的卡内基国际和平基金会与布鲁金斯学会、瑞典的斯德哥尔摩国际和平研究所(SIPRI)、英国的国际战略研究所(IISS)、日本的野村研究所等都将国际化视作重要的发展战略,并积极雇用国际化研究人员,开设全球分支,开展国际交流与合作。

全球智库在国际化的同时,也很注重本土化。2006 年后,卡内基国际和平基金会提出全球性智库这样一个概念,在全球不同的地区开始设立分中心。基金会的全球性网络,并不仅仅是华盛顿地区与各分中心之间的网络,各个中心之间也在建立联系。由于分中心承担研究当地问题的任务,基金会将分中心"本土化",工作人员、学者均在当地聘用,这些员工拥有熟练的当地语言的应用能力,了解实际政策制定过程中的重要环节,能够在更短的时间内做出正确的决策。

中国国内一些智库也开始国际化实践如现代国际关系研究院、中国社会科学院、北京大学国家发展研究院,包括全球化智库(CCG)自身都在积极进行着国际化的探索与实践。不过,总体而言,中国智库国际化的速度、深度与广度还远远跟不上新形势下中国国际关系的需要。国内智库还需继续加快国际化脚步,从研究领域、研究视角、人才队伍到传播方式及影响力等方面都实现与国际接轨。在立足国内问题研究的基础上,密切关注全球性问题;在充分利用国内资源的同时,能够深挖国际资源,加强国际交流与合

作,通过人员交往、学术交流、联合研究等方式建立国际研究网络；充分利用网络媒介实现智库成果的全球传播；主动设定国际议题,在国际热点问题上积极发声,引导国际舆论,打造中国智库的国际话语权。

智库面临的新挑战

各国的智库都面临着一些挑战和竞争,因为他们的政策制定者获得信息的渠道不同于以往,智库也要相应的做出改变,必须掌控创新,用创新的方式产生新的思想,并且用创新的方式和政策决策者进行交流。

——詹姆斯·麦甘(James G. McGann)

如果将整个思想市场看作一个生态系统的话,那么,这个生态系统的环境已经发生了显著的变化,作为生态系统中的一员,智库传统的运营模式与信息传播方式都面临着严峻挑战。某种程度上,全球化、互联网、社交媒体正在重新定义智库运营的方式。

1. 互联网时代的传播挑战

互联网时代的到来意味着智库将生存于一个信息量极速膨胀的新环境中:互联网打开了一道道闸门,各种信息倾泻而出,当政策制定者与公众无时无刻不被各种信息所包围之时,很多人不知所措。我们知道,信息只有在恰当的时候、以恰当的形式被恰当的人掌握,才能发挥它的力量,否则一文不值。

在过去,智库可以提出宏大的策略和想法,政策制定者会主动上门求教。今天环境更复杂了,政策制定者们也更忙碌了,据说他们平均每天只有 30 分钟的阅读时间,数据、报刊文章、内容翔实的白皮书很可能被"扔"到了一边。今天，人们对移动设备的依赖性也提升了，他们渐渐习惯了随时随地碎片化地阅读。智库动辄以 PDF 格式发表长篇大论，在读者眼里吸引力越来越少。

正在消失的 PDF 文件

世界银行的一份报告表明，在网络上，将近 1/3 的 PDF 研究报告从来没有人下载；另外 40%的报告下载量小于 100 次；仅有 13%的报告在时效期间下载量超过 250 次。PDF 曾是网络信息传播的重要文件格式，今天，它却正在变得像打印稿一样被人们抛弃了。这种现象发生的背后有一个令智库运营者深思的问题：如果研究报告的 PDF 版本吸引不了目标人群，那么智库就必须拿出新的产品、采用新的传播方式来输出研究分析和政策建议。

信息科技的门槛越来越低了，有了互联网、社交网络、云技术和掌上电脑，财力有限的个人也能够开展研究工作，并向全世界传播研究成果。他们汇聚起来，给以知识立身的机构，如智库和大学，带来了重大挑战。洛杉矶南加州大学传播学院教授曼纽尔·卡斯特尔（Manuel Castells）把这股力量称作"网络社会"——一个利用信息时代的技术去扩张、重新配置，并克服传统网络局限性的全新社会架构。在社交媒体时代，"网络社会"影响政策制定的力量得到了极大彰显。人们可以将数字时代理解为处处需要数字活动。智库要想让政策制定者和公众知晓自己的研究成果，就需要学会与快节奏的数字世界同频共振。

社交媒体的影响力

技术发展让人们更多地影响政策制定过程。在美国，社交

网络和微博服务网站推特(Twitter)的用户经常参与一些政策制定平台上的讨论。大学研究者们跟踪某个平台6个月,发现约有5.3万人参与其中,其中3万多是微博用户。宾夕法尼亚大学研究员乔纳森·苏珀韦兹(Jonathan Supovitz)认为,"基于社交媒体的社会网络正在改变美国政策制定中的派系政治问题"。曾经做过主持人的美国现任总统特朗普,更是深谙利用社交媒体发声的社会心理学。他通过推特拉选票,通过推特发布内政外交政策,通过推特公布人事任命消息……可以说,特朗普将推特用到了"极致",他甚至被美国媒体冠以"推特总统"的名号。不论是推特还是微博,都不仅仅是个人和群体发表政见的地方,他们还能粘贴、复制、分享见解,甚至拍成视频播放,接触到更广大的人群。简言之,这是一个十分开放的阵地。

全球化的理念、互联网、社交媒体、云技术、公众对移动设备依赖性的增加……智库赖以生存的环境因素已经发生了重大变化,智库需要面对技术带来的新挑战,需要尽快适应新的信息传递方式与手段。同时,微信、博客等传播渠道虽然快速、便捷,但又存在传播信息容量有限的问题,所以如何实现智库动辄几百页的研究报告与新传播渠道的完美融合,是智库面临的一道难题。

2. 大数据带来的资源挑战

"当下两天产生的数据量与2003年以前人类产生的所有数据一样多。"时任谷歌CEO的埃里克·施密特(Eric Emerson Schmidt)曾在2010年科学经济会议上如是说。国际数据公司(IDC)研究显示,预计到2020年,全球数据总量将超过40ZB,相当于4万亿GB。

毫无疑问,"我们已经身处数据驱动的全球社会中"①。就像望远镜让我们感受宇宙、显微镜让我们能够观测微生物一样,大数据正在改变我们的生活以及理解世界的方式,成为新发明和新服务的源泉。② 从奥巴马运用大数据分析选情到医疗机构利用大数据预知流感,大数据已经渗透了美国社会组织的每一个细胞,并开始全球蔓延。

联合国在《用大数据推动发展:机遇与挑战》白皮书中写道:"大数据为联合国以及各国政府发展提供了一个历史性机遇,通过利用海量数据资源,实时分析经济社会发展现状及趋势,可以协助政府更好推动经济社会的发展与运行"③。大数据具有实时性、客观性、时间序列性等特点,具有高度的研究价值,可以有效克服传统数据资料收集方式所不可避免的主观色彩,这对于从事公共政策研究的智库而言,将大大提高研究的客观性与说服力。

研究表明,尽管国内外智库逐渐关注大数据对研究的影响,并在研究中引入大数据,然而世界上大多数智库都没有设立专门进行大数据研究的机构,仅有少数智库如布鲁金斯学会设立了"技术创新中心",大多智库对大数据的运用仅停留在研究需求层面。④

大数据时代的到来,对智库是一个严峻的考验:智库只有将这些知识纳入自己的研究中去,否则只能沦为过时的信息来源。通过合作等方式建设大数据库,掌握庞大的数据信息还只是考验的第一步,接下来还需要拥有对数据的"加工能力",并且通过"加工"实现数据的"增值"。如果能够对庞大数据资源进行潜在价值的深度挖掘,将

---

① D.J.Power,"Using Big Data for Analytics and Decision Support",*Journal of Decision Systems*,Vol.23,No.2,2014.

② 〔英〕维克托·迈尔·舍恩伯格:《大数据时代》,浙江人民出版社 2012 年版。

③ UN Global Pulse,White Paper:Big Data for Development:Opportunities &Challengs, http://www.unglobalpulse.org/sites/default/files/Bigdatafordevelopment-UNGlobal-PulseJune2012.

④ 郑永年等:《内部多元主义与中国新型智库建设》,东方出版社 2016 年版。

有助于智库研究人员更好地把握现状与预测未来,从而大大提升智库产品的竞争力与影响力。

3.后金融危机时代的"资本战争"

全球智库自 1900 年以来,一直呈现增长发展趋势,尤其是 20世纪 60 年代以后,增长速度明显加快。不过,进入 21 世纪以来,世界范围内每年新成立的智库数量出现下降趋势,智库发展进入内部整合阶段。相较于 20 世纪最后 10 年,平均每年新增智库数量超过 140 家,21 世纪头 16 年内,全球每年新增智库数量下降为117 家。

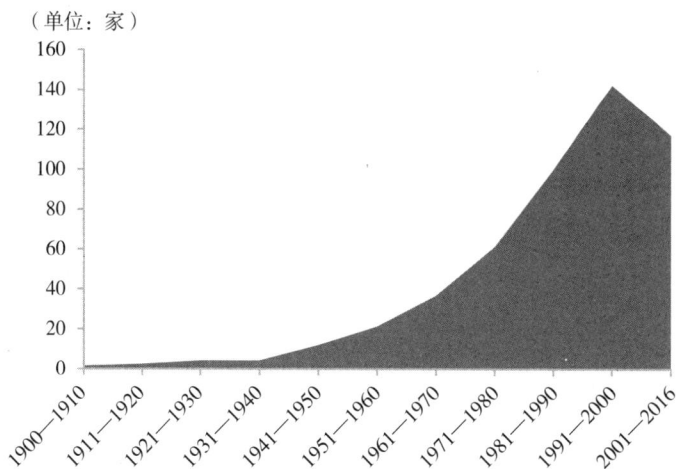

图 1-4　全球每年新增智库数量变化情况

资料来源:《2016 全球智库报告》(*2016 Global Go To Think Tank Index Report*)

政府拨款、企业、基金会以及个人的捐赠是智库最重要的资金来源,然而这些资金来源具有一定的不稳定性,尤其是受到经济危机影响的时候。2008 年金融危机后,很多国家以及地方政府削减了公共政策研究的财政投入,对智库来说,更为雪上加霜的是,以往"出手阔绰"的企业也缩减了对项目的资金支持,这使美国企业研究所(AEI)这样依赖企业捐助的智库受到了严重创伤。金融危机对全球智库尤其是欧美智库带来了巨大的负面影响。

加拿大智库的多米诺骨牌

成立于1994年的皮尔森和平维护中心(The Pearson Peace-keeping Center)、成立于1976年的加拿大北南研究所(North-South Institute)……这些在加拿大曾经颇具规模和影响力的智库在金融危机后相继倒下。《渥太华市民报》(*The Ottawa Citizen*)报道称,加拿大北南研究所管理层在对外声明中承认是"资金无法持续的问题"。可见,金融危机"后遗症"不但影响了世界各国,更波及各大智库。

全球思想市场竞争硝烟四起。媒体组织、咨询公司、律师事务所,这些机构都在通过相互竞争,赢得公共政策以及决策层的更多关注。这种"僧多粥少"的状况对于作为非营利组织的智库来说,是一种新的挑战。在充斥着无数政策观点的环境中,智库需要通过保证持久的创新精神、有效的沟通策略、强大的政治影响力尤其是严格且具有时效性的研究工作,来赚得更多眼球。随着更多市场竞争者的加入,资本战争将会愈演愈烈。

而根据詹姆斯·麦甘(James McGann)的研究,过去,一小群"黄金捐赠人"为智库提供常年、大量资金支持的时代一去不复返了。今天,智库得到的更多是来自对具有一定影响力的短期课题的捐助,而非对智库长期运营的支持。这种"融资短期化"现象,迫使智库在各色新项目间"疲于奔命"。更值得关注的是,资金对智库具体短期项目的这种捐助,是否使得智库在履行机构宗旨及推进研究进程上逐渐失去控制能力,是否会影响到智库研究成果的独立性与客观性,就很值得商榷了。

PART 2 智库如何创新

当竞争日益激烈时,为什么有些智库能够快速适应新环境,保持"长盛不衰"?为什么有些智库可以迅速崛起,与世界顶尖智库并驾齐驱?是什么样的组织架构与战略规划让它们得以"新生"?哪种类型的领导力与文化有助于孕育智库创新能力?什么样的融资举措值得其他智库借鉴?

智库迈入创新时代

在决策者看来,智库的最大作用就在于产生新思想并以此来改变决策者对世界的认知与反映。新颖的观点可以改变决策者对国家利益的认知,影响政策优先排列顺序,影响规章制度的制定。

——里查德·哈斯(Richard N .Haass)

什么是创新

"创新"可谓当下中国一大热词:党的十八大报告中,"创新"一词出现了 56 次;2016 年 5 月,中共中央、国务院印发了《国家创新驱动发展战略纲要》,强调要坚持走中国特色自主创新道路、实施创新驱动发展战略。而"大众创业,万众创新"更成为经济发展新常态下的时代主旋律。

什么是创新?

在《辞海》中,对创新的解释是"创新的、革新",补充释义为"创新与传承有辩证关系";翻开《韦伯斯特词典》,我们看到创新有两种涵义:其一是引入新东西、新概念(to introduce something as or as if new);其二是制造变化使发生改变(to make changes) 。

谈到创新,就不能越过约瑟夫·阿罗斯·熊彼特(Joseph A. Schumpeter),这位美籍奥地利经济学家早在 1912 年就在其代表作《经济发展理论》中,将创新概念引入经济学,创立了"创新经济学"。

在熊彼特的创新理论中,"创新"是指建立一种新的生产函数,把一种从来没有过的关于生产要素和生产条件的"新组合"引入生产体系。熊彼特的创新理论涵盖产品创新、工艺创新、原材料创新、市场创新以及组织创新五种情况。① 按照熊彼特的定义,创新应是"发明成果的商品化、产业化"。英国教授克利斯·弗里曼(Chris Freeman)曾深刻地指出,熊彼特的最大贡献是把"创新"从"发明"中区别开来,自那以后,这一点已经被经济理论普遍接受。②

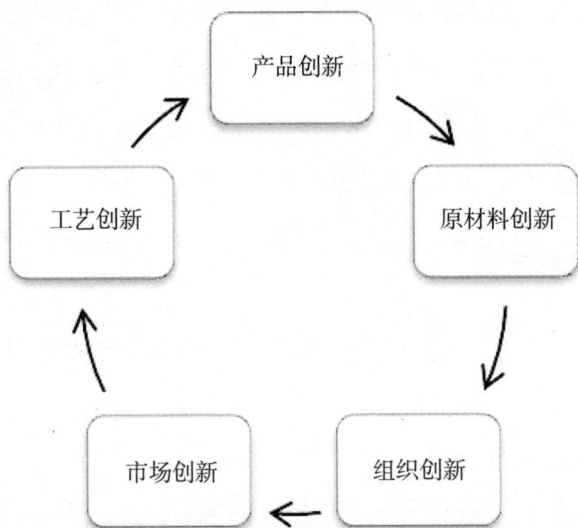

图 2-1　熊彼特创新理论涵盖的五种类型

资料来源:根据文献资料整理。

商业机构早已意识到了创新、成功以及可持续发展之间的紧密联系:在被麦肯锡调研过的所有企业高管里,超过 70% 的高管称,在未来 3—5 年的发展时间内,创新至少会被视为支持公司成长的前三大驱动力之一。同时,Dart、Goerke 等学者研究发现,非营利机构也

---

① Schumpeter, J. A. (1934). *The Theory of Economic Development.* Cambridge, MA: Harvard University Press.

② 克利斯·弗里曼(Chris Freeman)、罗克·苏特(Luc Soete):《工业创新经济学》,华宏勋等译,北京大学出版社 2004 年版。

同样越来越认识到创新的重要性。

智库是知识生产机构,思想创新是智库最大的创新。布鲁金斯学会、兰德公司、斯坦福研究所……这些著名智库的崛起无一不是凭借着新思想与新观点。因为"在决策者看来,智库的最大作用就在于产生新思想并以此来改变决策者对世界的认知与反映。新颖的观点可以改变决策者对国家利益的认知,影响政策优先排列顺序,影响规章制度的制定"。① 思想创新力是智库的核心竞争力,是决定智库能否可持续发展的关键因素。在日新月异,充满着高度不确定性的全球化时代,智库在坚持主动创新的同时,还需要持续创新,因为只有"持续性的创新才能使智库成为某个议题的焦点所在,并使智库在影响政策和公共舆论方面独树一帜。"②

创新的驱动力

创新并不是盲目的、自然而然发生的,任何创新都有其内在的驱动力。智库创新同样如此,这里,我们把智库创新的驱动力分为内部驱动力和外部驱动力。

内部驱动力,或者说,哪些内部因素驱动着智库员工的主动创新?

"智库最关键的就是要靠领军人才,领军人才是人才中的人才,是决定一个智库研究水准高低的关键因素。"③领军人才是智库的领导者,如果他们对智库事业投入无限热忱,对智库目标有着极高追求,并且抱着为此奋斗终生的信念,那么,这种精神的力量会感染到智库的每一个人。这里,我们称之为"领导创新驱动力"。领导支持

---

① 里查德·哈斯(RichardN .Haass):《思想库与美国的外交政策:一个决策者的观点》,《国际论坛》2003 年第 6 期。文章作者曾任美国国务院政策和计划署主管。

② Andrew D. Selee, *What Should Think Tanks Do? A Strategic Guide to Policy Impact*, Stanford University Press,2013.

③ 李慧莲:《开创中国智库发展新时代》,《中国经济时报》2015 年 2 月 26 日。

被认为是调动员工积极性与提升创造力最重要的因素之一,员工若无法得到这种支持,或者感受到这种支持是消极的,就很难激发参与创新的动机。① 对于智库,要保证持久创新,还需要构建创新的智库文化环境,以此来激励员工的自主创新活动,充分发挥员工的主观能动性,不断引导创新,最终形成具有活力的创新组织。

外部驱动力,或者说哪些外部因素驱动着智库的创新?

政策供给市场的变化。政策制定者需要得到可信任的、专业的又有建设性的信息,他们也需要及时了解现行政策的实施效果,准备替代解决方案并预测方案的成本及影响,这些日益扩大的政策需求催生着智库不断创新。以中国为例,中国用三十多年的时间成为世界经济大国,同时也走到了经济转型的"十字路口",国际社会希望中国承担更多国际责任的同时,又担心他们的国际地位受到威胁,可以说,中国的决策层面临前所未有的内政外交挑战,大量的公共政策问题急需答案。对中国智库来说,这是一个最好的时代。

科技的变化。全球森林观测(Global Forest Watch,GFW)系统是世界资源研究所(WRI)联合谷歌等合作开发的一款森林动态监测和预警系统。该系统综合运用了卫星技术、大数据、众包模式等,能够保证提供即时可靠的森林信息,从根本上改变人类与企业管理森林资源的方式。科技的进步,为智库的研究与传播提供了诸多新的技术手段,智库只有不断创新,才能成为科技的驾驭者,而非淘汰者。

政策供给市场的变化。随着飞速发展的科技以及对时事评论分析日益增大的需求,全球思想市场的竞争变得尤为激烈。媒体组织、咨询公司、电子媒体、各类数据平台都在通过相互竞争,赢得公共政策以及决策层的更多关注。当政策供给市场竞争者日益增多的时候,智库只有不断创新,才能形成自己的竞争优势。

---

① BIRKINSHAW J, DUKE L, "Employee-led innovation", Business Strategy Review, 2010,24(2),pp.46-51.

创新型智库建设的五大基石

当竞争日益激烈时,为什么有些智库能够快速适应新环境? 为什么有些智库可以迅速崛起? 是什么样的组织架构与战略规划让他们得以"新生"? 哪种类型的领导力与智库文化有助于孕育创新能力? 我们认为,共享领导、文化塑造、知识管理、组织管理以及战略规划是创新型智库建设的五大基石。

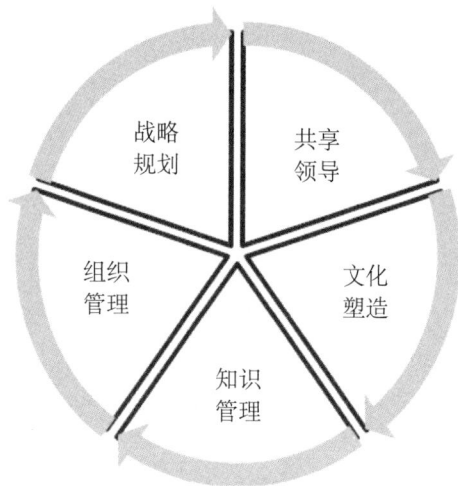

图 2-2 创新型智库建设的五大基石

资料来源:根据文献资料整理。

共享领导

1. 领导是一种"分享过程"

《说文解字》中,"领"即项也,后引申为引领、统率、治理之义。"导"即引也,后引申为启发、教导之义。研究者认为,领导是影响团队效能的关键因素。

当人类踏入知识经济与信息网络时代,企业中知识型员工的数量快速增长,知识型员工一般拥有较强的自我领导与管理意识,追求自我价值的实现。与此同时,企业面临的外部环境更为复杂多变,工作的复杂性、关联度越来越高,于是,在传统组织中,由处于金字塔顶端的个别领导"发号施令",自上而下的领导方式遭遇挑战,此时,研究者们才意识到原来领导还可以是一种"分享过程"。这种思想被称为共享领导(Shared Leadership)。

其实,关于共享领导的思想可以追溯到 20 世纪 20 年代。1924年,玛丽·帕克·福莱特(Mary Parker Follett)出版了其企业哲学代表作《创造性的经验》一书,福莱特认为,"在一个组织中,组织成员更愿意服从和支持那些能够更好地了解组织所处情境的领导,这个人并非是组织职位所对应的正式领导,而是一个具有与情境相关知识的人。"可见,福莱特的"情境法则"(the law of the situation)与共享领导的概念颇有几分相似。不过,"共享领导"这一概念的正式提出则是半个多世纪以后的事情了,而且由于其与传统的自上而下的领导方式相背离,"共享领导"一度被认为是激进的,直到 20 世纪90 年代中期,才逐渐被学者们广为接受。今天,"共享领导"已经在国外诸多知识密集型领域得到广泛实践。

2. 什么是共享领导

如果我们以比较的视角,将共享领导与传统直线领导作对比,可以发现,共享领导具有动态性、交互性与目标性三大特征。

(1)动态性。根据情境变化由具备相应专长的团队成员履行领导职能。

(2)交互性。领导职能由团队成员共享,责任共担。领导结构以团队成员之间的横向影响为主。

(3)目标性。组织愿景由团队成员共同参与形成,领导以实现组织的愿景与目标为导向。

表2-1 传统直线领导与新型共享领导的比较

	传统直线领导	新型共享领导
适用环境	工作相关度、复杂度、创新性较低	工作相关度、复杂度、创新性较高
领导结构	以领导为中心的自上而下直线式	以横向为主的纵向、横向、纵横交错等全方位
团队行为	成员依赖并接受领导的指示,根据领导的思想形成愿景	成员自治、自我领导,通过团队成员的积极参与形成共同的团队愿景

资料来源:根据文献资料整理。

我们认为,共享领导是创新型智库建设的第一块基石。

智库是产生新思想、新观点的地方。思想创新力是智库的核心竞争力,是决定智库能否可持续发展的关键因素。基于此,我们说,智力资本是智库的核心资本,只有充分激发智库员工的使命感、责任感、自主性与创造力,才能不断迸发出新的思想火花。在共享领导模式下,智库的每个成员都有机会体验到充分的授权,员工的自主性与创造力被赋予了自由的发挥空间;而员工对智库发展愿景、项目决策的参与,也会大大激发员工的使命感与责任感。

文化塑造

你所在的智库,对失败是什么态度?失败是被用作抨击他人的武器还是被看作成功的源泉?你所在的智库,如何看待普通员工的建议?他们会被看作重要合作者吗……这些问题的答案也许很简单,却恰恰折射出智库的文化内涵,更可以借此检测出你所在智库是否是一家创新型智库,因为"创新的选择存在着路径依赖,文化由于其历史性与长期性成为创新的尺度,为创新提供了选择集,亦即文化影响着创新"。①

---

① 新制度经济学家道格拉斯·诺斯(Douglass C.North)。

文化是企业在长期累积中形成的,对这种独特资源的持续塑造可以产生特殊的创新优势。虽然文化很难被模仿,不过,创新型组织的文化通常有某些共通之处,比如宽容失败、鼓励质疑、多样性与包容性、一视同仁、自由开放等。我们认为,这些特点对智库创新非常关键。

"智库为影响政策而生",要实现这个目的,智库就必须走在政府的前面,做到未雨绸缪,这也是为什么国际顶尖智库都会把更多的精力与时间用于前瞻性问题研究上的关键,比如布鲁金斯学会的学者们在长期战略性研究上花费的时间占比达到60%。因为他们深知,亦步亦趋跟在政府后面是不可能发挥政策影响力的,不过,这么做也是有风险的,由于未来的不确定性,这种前瞻性研究就会产生失败的可能性,所以做得比较好的智库,它们都会有一种包容失败的文化。

同样,我们知道,"学起于思,思源于疑"。可以说,没有质疑就没有创新。印度的观察家研究基金会(ORF)充分意识到了这一点,这家智库欢迎来自各方的质疑,不论这种声音是来自国内还是国外,也不论这种声音是来自哪个民族。基金会认为,作为一家设立在拥有10多亿人口国家的智库,鼓励质疑可以集思广益,促进创新思想的诞生。

冯·波罗纳特(Fons Boronat)认为,"创新文化是一种行为模式,而这种行为模式是以企业在某一特定时期为了使创新思想数量达到最大化所培育而成的。"阿兰·L.弗罗曼(Alan L. Frohman)认为,"创新文化是一种引导和培育企业进行创新的文化,创新文化能够唤起企业一种巨大的能量、热情,从而使企业产生创新的主动性及责任感,以此来帮助企业获得非凡的成就。"

笔者认为,智库可以从价值观、制度文化、行为文化三大维度塑造创新文化。

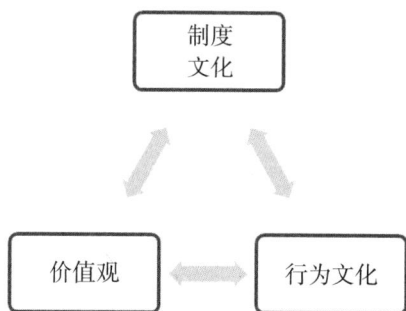

图 2-3　创新型智库的文化塑造维度

资料来源：根据文献资料整理。

1. 价值观

说到价值观，就不得不提布鲁金斯学会，这家智库的创立可以追溯到 1916 年，至今已有百年历史。布鲁金斯学会始终遵循"高质量、独立性、影响力"的座右铭，这不仅仅是一句年报上的口号，更是学会价值观的反映，得到领导层的支持与捍卫。比如布鲁金斯学会主席斯特罗布·塔尔伯特（Strobe Talbott）认为，"独立性意味着持有不同意识形态的政策制定者都认真对待布鲁金斯学会的观点与思想，都看重学会的独立分析。不仅如此，独立性还让持有不同观点的学者聚集起来进行理性和坦率的辩论成为可能。"[1]在布鲁金斯学会，学者们可以根据个人兴趣与研究专长自由选择课题，独立研究，大家可以自由发表意见，开诚布公地讨论……这些都是学会可以屹立百年，并在今天仍能问鼎世界顶级智库的根本原因。

作为非营利机构，智库的生存与发展和捐赠者、董事会成员、研究人员等众多利益相关者的支持是分不开的。这些利益群体为什么愿意为智库作出贡献呢？其中很重要的原因就是他们对智库价值观的认同。

---

[1]　刘昌乾：《世界一流智库如何保证研究的独立性——基于美国布鲁金斯学会的研究》，《中国高教研究》2014 年第 9 期。

大量研究也同样表明,价值观是企业文化的核心。哈佛大学教授泰伦斯·狄尔(Terrence Deal)和麦肯锡咨询公司顾问爱伦·肯尼迪(Allan Kennedy)曾在《企业文化》一书中,指出,"价值观是一个企业文化的基石,为员工提供了一致的方向及日常行动的指南。"美国社会学家菲利普·塞尔兹尼克(Philip Selznick)同样认为,"组织的生存其实就是价值观的维系,以及大家对价值观的认同。"

2. 制度文化

"如果一个会议,或会议的一部分,是按照查塔姆研究所规则进行的,则与会者可自由使用在会议中获得的信息,但不得透露发言者及其他与会者的身份与所属机构。"这就是著名的"查塔姆规则"。查塔姆研究所组织的所有学术活动都严格遵循该原则,任何违反该原则的活动参与者都会受到惩罚,比如禁止参加以后研究所开展的任何活动。"查塔姆规则"鼓励了自由讨论,参与者可以不需再顾忌个人的真实身份,大家都可以畅所欲言,这种宽松自由的环境下,不同的观点可以充分碰撞与激荡,更多新思想、新观点不断迸发。

价值观对智库建设至关重要,不过,价值观要充分发挥作用,还需要加以"物化",以"领导体制、组织结构、管理制度"等具体形式呈现,并逐渐内化为全体员工共同的行为准则,这就是创新型智库文化塑造的第二维度——制度文化。

这里的制度,包括决策制度、人事制度、科研制度、科辅制度、办公制度、外事制度等多个层面。充满效率与公平的制度文化环境,可以让智库研究人员更好地进行思想创新活动,让智库其他工作人员能更好地进行创新创造活动,推动整个智库持续性创新。

3. 行为文化

智库成员在日常工作中、人际交往中、团队合作中、公共交往中

所表现出的种种行为,实质上是智库行为文化的种种具体体现,这种行为文化是智库的价值观、制度文化在成员行为上的一种生动折射。

在创新型智库文化构成的层次关系中,价值观是文化的核心,制度是文化得以贯彻的保证,行为是文化的生动体现。这里需要注意的是,智库面临的环境是不断变化的,因此,创新型智库的文化塑造也应该是持续的、动态的,只有如此,才能使智库应对环境的能力增强,从而使智库创新具备动态可变的适应性。

知识管理

知识管理是对重要知识及其创造、收集、组织、传播、利用与宣传等相关过程的系统管理。[①] 智库是典型的知识型组织,对知识的管理是智库能否持续创新的重要一环。国际知名智库非常重视知识管理,比如日本最大的民间智库野村综合研究所建立了"知识管理系统"的共享平台,将项目执行过程中掌握的知识通过平台实现共享。

我们将智库的知识管理流程分为知识获取、知识生产、知识传播三个关键步骤。

知识获取 ➡ 知识生产 ➡ 知识传播

图 2-4　智库的知识管理流程

资料来源:根据文献资料整理。

1. 知识获取

丰富且充足的知识资源是智库进行知识生产与创新的基础保障,智库的知识资源可以分为两大部分:一部分属于显性知识资源,

---

① GARVIN D.A,"Building a learning organization".*Harvard business review*,1994,71(4):78-91.

另一部分属于隐性知识资源。

显性知识资源,主要指来自图书馆、数据库等的信息资料,这些知识很大一部分来自于智库自身的历史研究积累。以兰德公司为例,这家智库不但拥有收藏了5万余本图书,13万余份报告,几千张地图的内部图书馆,还开发了包括统计数据库、案例库、调查数据库等在内的众多特色数据库。除了智库的内部积累,通过与外界的合作,也可以获得显性知识资源,仍以兰德为例,这家智库在20世纪70年代专门成立了调研组,与各种组织开展合作致力于调查数据的收集。兰德不但自己拥有规模庞大的图书馆,而且还与多国图书馆建立了馆际互借关系。

隐性知识资源,主要指智库专家资源。知识管理的关键不仅需要通过多种办法吸引专家学者加入智库或开展某种形式的合作,而且需要通过创造有利于专家研究、交流与探讨的平台与环境,将专家的隐性知识资源转化为显性知识资源。

2. 知识生产

国际政治研究所(ISPI)主要通过分析国际体系中政治、经济的发展趋势,为意大利政府提供政策建议。为了更好地反映民众的观点,ISPI与世界顶级市场调研公司Ipsos MORI合作开展了"意大利公众对外交事务观点的舆情监测"。通过合作,研究所可以定期监测到意大利公众对外交事务的观点,以及这些观点的演变趋势。这些调查结果为智库的研究提供了很好的素材,大大增强了政策建议的可行性。

巴西瓦加斯基金会(FGV)不仅建立了贯穿整个巴西的伙伴关系网络,更与全球约40个国家的160多所高校、研究机构建立了长期合作,合作方式包括联合开发、长期咨询、联合研究、研讨会、人员交流等。

思想在交流中产生,智库内部、智库与外界之间的充分交流合

作,可以促进智库的知识创新。不同的工作环境造就不同的理解与感受,有过政府工作阅历尤其是有过高层决策经历的人员具有更为敏锐的政策思维与分析力,有着深厚学术研究功底的大学教授具备更为宽广的学术视野……不同知识背景与工作阅历的人员之间的交流与碰撞,有助于智库保持旺盛的思想创新力。①

3. 知识传播

智库将知识生产出来后,就需要通过各种传播媒介进行传播,从而实现研究成果的扩散。

20 世纪 70 年代,美国深陷越南战争的泥沼无法自拔,国内反战声浪此起彼伏。来自哈佛大学的塞缪尔·亨廷顿(Samuel P. Huntington)与其前哈佛同事沃伦·曼谢尔(Warren DemianManshel)认识到,对美国外交政策进行"再审视和再定义"的时间到了,于是他们共同创办了《外交政策》(*Foreign Policy*)杂志。很快,这份杂志便成为持不同政见者的思想家园。1978 年,卡内基国际和平基金会成为杂志的所有者和发行人。1997 年,委内瑞拉前经济部长莫塞斯·奈姆(Moisés Naím)成为杂志主编,在这位经济学家的引领下,《外交政策》影响与日俱增,不但先后多次获得全国杂志奖,还发行了阿拉伯语、日语、法语、葡萄牙语、西班牙语等诸多版本。②

图书专著、研究报告、简报、期刊、电子出版物、演讲视频、工作报告、讲座材料……不同的知识传播方式各有利弊,知识管理需要分析不同的受众需求,了解不同的传播媒介的特点,构筑全方位、立体式传播平台,实现知识传播效果最大化。

---

① 王辉耀、苗绿:《大国背后的第四力量》,中信出版社 2017 年版。

② 随着影响力的不断扩大,刊物所需投入的财政资源也与日俱增,这些都超出了一家智库的能力所及,因此,2008 年,卡内基国际和平基金会将《外交政策》出售给《华盛顿邮报》公司。

组织管理

创新型智库需注重员工的创造性,体现在组织结构上,应尽量减少对智库成员的约束,"扁平化,非正式的组织最有效率……智库的组织形式越灵活,其员工直接向管理者反映创新想法的概率就越大"。① 比如在观察家基金会,类似国际关系中心这种传统的组织形式纷纷消失,取而代之的是有共同研究兴趣的专家们的一个个相对松散的组合,这种新型组织结构可以让专家们很好地开展跨学科研究,激发出更多的思想创新。

全球化的今天,代表一国"智商"的智库纷纷走向世界,由此也带来了组织结构与组织管理的新变化与新挑战。

2008 年,世界资源研究所将首家海外长期办公室落子中国,之后又在印度、巴西、印尼等地建立了办公室。目前,这家著名智库已经雇用了来自全球 20 多个国家的 500 多位工作人员。如此庞大而复杂的全球组织如何才能实现高效运转? 世界资源研究所在技术与管理两个层面进行了探索创新:首先,技术创新,这家智库将多种技术捆绑,建立了"WRI 合一"(One WRI Connect)的平台,涵盖微软办公处理软件 Office365、电话软件 Skype for Business、软件 Salesforce 以及相关邮件营销工具、电子支付程序、数字化项目管理工具、知识产品质量控制活动的工作流程。其次,实施新的决策机制,利用了贝恩公司(Bain & Company)研发的"快速决策法"(RAPID model),这里的 RAPID 其实是五个单词的首字母,分别代表建议者(Recommend)、批准者(Agree)、执行者(Perform)、意见提供者(Input)、决策者(Decide)。这种模式通过在决策过程中明晰五种决策角色,快速做出决策,提高工作效率。

---

① [美]雷蒙德·斯特鲁伊克:《完善智库管理:智库、"研究与倡导型"非政府组织及其资助者的实践指南》,李刚等译,南京大学出版社 2017 年版。

独特的组织结构设计、灵活的人员配置与人事管理、严格的产品质量管理……组织管理是创新型智库建设的一大基石，这些方面的创新可以为智库打造更广阔的未来。

战略规划

芝加哥全球事务委员会（Chicago Council on Global Affairs，CCGA），美国著名的外交关系智库。2001年，时任主席马歇尔·博顿（Marshall Bouton）发现，虽然委员会仍在对外政策研究领域占有一席之地，不过，CCGA的目光开始转向内地，并且有被边缘化的趋势。博顿想要扭转这种局面，他决定进行一场改革，这需要大胆而缜密的规划，于是他开始"设定战略"：将CCGA的定位从一家地区性的智库变为全国性的智库。为了实现这个战略定位，在资金分配上，博顿将智库一半的资金预算划拨到全国与全球项目中；在研究项目的选择上，博顿认为，既要充分发挥自身处于芝加哥的地理优势，又要考虑到项目在国内外的影响力。因为芝加哥是美国中部的粮仓，所以他们选择了对食品政策的研究，因为穆斯林移民在美国中西部地区比例的急剧攀升，他们选择了穆斯林移民政策项目。这些研究项目引起了美国乃至国际上的高度关注，芝加哥全球事务委员会由此实现了"枯木逢春"。

根据安德鲁·西雷（Andrew Selee）的研究，布鲁金斯学会、传统基金会、移民政策研究所……这些知名智库都在做着同一件事情，那就是会重复问自己这样几个问题：我们的宗旨是什么？我们要达到什么目标？我们的竞争优势是什么？我们的关键受众是谁？我们如何接触到他们，如何与他们进行高效沟通？我们要进行哪些资源上的准备，如何利用这些资源？如何评估影响力并根据反馈调整战略？实际上，这些问题的答案就构成了智库战略规划的各个层面。

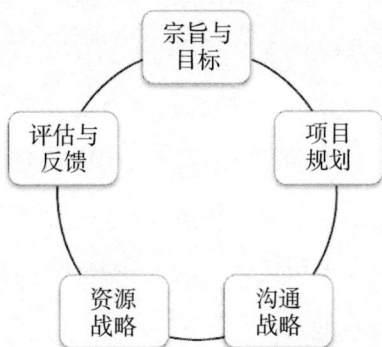

图 2-5　创新型智库的战略规划①

资料来源：根据文献资料整理。

　　彼得·德鲁克认为，成功的宗旨需要具备三大要素：能力、机遇与执着。对一家智库来说，关键是要在时代的大背景下找到自己的强项，确立智库的宗旨与目标，做好项目规划，准备好需要的资源，找到目标受众并采取不同的沟通策略，在对研究成果进行评估与反馈的基础上，及时调整战略，重新出发。

智库系统化创新的五大维度

　　智力资本是智库的核心资本，为了吸纳外部优秀人才，各大智库可谓"八仙过海，各显神通"；研究和传播是智库的两大支柱，是实现智库"资政启民"的基础；资金是智库正常运营的前提条件，长期稳定的运营资金可以为智库的自我创新提供基本保证；而当智库面临重重挑战时，合作就会变得愈发重要。

人才

　　智库是产生思想的地方，智力资本是智库的核心资本。国际智

---

① 详见 Andrew D.Selee,*What Should Think Tanks Do？ A Strategic Guide to Policy Impact*,Stanford University Press,2013。

库向来是"藏龙卧虎"之地。贝尔福科学和国际事务研究中心,作为高校智库,近水楼台从哈佛大学获得了强有力的智力"拉动力",150多位来自哈佛的精英组成了其核心研究力量。布鲁金斯学会的成就离不开全球顶尖智力资本的支撑,截至 2016 年 10 月,包括资深研究员与访问学者在内,学会研究人员近 400 人。国际智库都在"人才"上做足文章,创新形式吸引人才,进行高瞻远瞩的智力投资。不断扩大着各自的人才"蓄水池"。

1. 创新形式吸引人才

里斯本委员会的工作原则是"尽你所能和最优秀的人一起工作",他们会为每个项目寻找最好的人才团队,为研究人员创造与世界上最杰出的人一起工作的机会,这种智库文化对人才具有很大的吸引力。

世界上那些大名鼎鼎的学者们可能分布在不同的机构,所以,很多智库都通过访问学者或非常驻研究员的形式,最大限度发挥这些学者的智慧。布鲁金斯学会、威尔逊中心、卡内基国际和平基金会都是这种形式的实践者。如布鲁金斯学会有专门的"访问学者计划",常年提供研究经费邀请各国访问学者到华盛顿总部开展研究工作,当访问学者离开时,布鲁金斯学会各大研究中心会举行公开研讨会,为访问学者提供向公众展示研究成果的舞台。2010 年,笔者曾在布鲁金斯学会做过访问学者,其间曾接到了学会的两次邀请,参加了中国海归研究与中国人才研究的两场研讨会,并发表了主题演讲。

实习生是国际智库人才库中的重要一分子。韩国峨山政策研究所会为表现优异的实习生提供出国留学的机会,同时还支持他们学成归国后进入政府部门。全球化智库(CCG)非常重视对实习生的培养,给予他们与正式员工一样的培训学习、参与重要课题的机会。

美国进步中心为对公共政策感兴趣的优秀学生提供实习机会,2016年秋季实习项目达到近30个[①],这些实习生会被直接分派到政策研究专家身边,也会直接参与中心的学术活动和论文报告撰写,这对实习生来说,是难得的机会。

2. 高瞻远瞩的智力投资

国际政治研究所(Institute for International Political Studies, ISPI)每年都会开设研究生课程,不同于一般意义上的研究生课程,ISPI会在课程的最后阶段,要求学生到那些需要帮助的国家,用学到的专业知识为当地提供服务,同时,根据当地实际情况,制订项目计划,并在毕业前上交到有关的NGO,这些项目中的佼佼者有机会变成现实。学员毕业后,研究所还会为他们提供到国际组织实习的机会。国际政治研究所进行的这种智力投资,不但为智库提供了未来的人才储备,也间接影响到意大利的外交政策。比如前意大利驻美大使、现任外交大臣 Giulio Terzi di Sant' Agata、意大利驻南非大使 Matteo Menzone、意大利驻泰国大使 Michelangelo Pipan 都曾是研究所的优秀毕业学员。

卡内基国际和平基金会通过其全球平台对未来一代人才进行投资,不断扩展自己的研究网络与人脉资源。"青年学者项目"(Junior Fellows Program)就是其中的旗舰项目。基金会每年都会从400个合作学校的学生中挑选10至12位优秀毕业生,为他们提供前往基金会担任助理研究员的机会。这个项目的著名校友有克林顿的高级顾问乔治·斯特凡诺普洛斯(George Stephanopoulos)、奥巴马的高级顾问布莱恩·迪斯(Brian Deese)以及奥巴马任内的美国驻联合国大使萨曼莎·鲍威尔(Samantha Power)等。

① https://www.americanprogress.org/about/internships/.

墨西哥对外关系委员会(Mexican Council on Foreign Relations,COMEXI)始终认为,国际关系的未来掌握在青年人手中,在这种思想的指导下,委员会设立了"青年领导力项目",为国际关系专业的青年提供参加"G8""G20"青年峰会等国际会议的机会,使"COMEXI青年人"可以亲历外交过程,积累国际治理的第一手经验。"青年领导力项目"在为墨西哥培养未来领导人的同时,也大大扩充了COMEXI未来的人才储备。

弗里德里希·艾伯特基金会不但通过全球办事机构广泛吸纳人才,还专门设立了学术基金,用于资助在社会民主研究方面造诣颇深,但经济上存在困难的青年学者。除经济上的资助,基金会还为这些青年学者提供了参加国际研讨会、学会活动等机会。

国际智库对优秀的青年人才进行投资的做法,恰恰说明了他们的战略性眼光,这些高瞻远瞩的智力投资为智库编织出一张智慧之网,处于各个节点的人才与智库之间产生了各种交集,自然成为智库未来发展的直接或间接的智力支撑。

研究

在瞬息万变的互联网时代,智库的研究环境已经发生了翻天覆地的变化,智库只有顺应时代的变化,在研究方法、研究定位、研究选题等方面谋求创新,才能不断产生与时俱进的新思想与新观点。

1. 探索跨学科研究

20世纪后半叶特别是21世纪以来,全球化深入发展,社会问题出现巨型化迹象,全球治理难度的增加向人类智慧提出了前所未有的挑战。某种程度上,现实中几乎所有重大课题都不再是单个领域所能完成的。跨学科研究成为各大智库的重要选择。观察家基金会、布鲁金斯学会、国际政治研究所、威尔逊中心、生态研究所……都在跨学科研究方面不断创新。

观察家基金会成立伊始,主要关注国内经济改革问题,时至今日,这家智库的研究边界已扩展到气候与资源、网络与媒体、全球治理、国家安全以及政策研究和政治改革等诸多方面。基金会发现,随着研究范围的扩大,研究议题越来越复杂,比如气候变化的挑战既与环境关系密切,也与安全和可持续发展有莫大关系。如何应对这些复杂的议题呢?基金会的领导层做了一个大胆的决定:打通不同研究中心之间的"墙"。于是,国际关系中心、安全研究中心……这些传统的组织形式纷纷消失,取而代之的是有共同研究兴趣的专家们的一个个相对松散的组合,这种新型组织结构可以保证跨学科的研究专家们一起应对智库日益扩展的研究议题。

布鲁金斯学会不断尝试着多种机制鼓励跨学科研究,比如学会曾专门设立了几个激励基金,用于为参与交叉项目合作的学者提供灵活的资源。2016 年,在布鲁金斯学会百年诞辰之际,学会启动了百年学者计划(Centennial Scholar Program),希望通过这个项目,创造一种新型的布鲁金斯学者关系,推动跨领域、交叉学科的研究,发挥学者之间的协同作用,培养一种更加稳健的个人与研究团队之间的合作文化。目前,"城市与难民:欧洲的反应""21 世纪城市治理"等项目已陆续开展。"百年学者计划"鼓励学者集结整个学会的相关同事,合作研究重大课题,通过为学者提供最新的影响力工具、将学者从行政职责中解脱出来为跨学科、跨部门研究扫清障碍。

纵观当今智库发展,跨学科研究已成为一种趋势,打破智库内部的"墙",组织跨学科学术活动等创新对于国内智库具有很好的借鉴意义。

2. 研究规划:长短结合

美国金融危机发生后,彼得森研究所经济学家西蒙·约翰逊(Simon Johnson)率先提出"银行太大不能破产"的问题,为美国政府

制定金融机构改革方案提供了重要思路。随着中国的崛起,彼得森创始人伯格斯滕最早提出中美共同治理全球经济的"G2"概念,引发学术界的广泛关注。我们不禁要问,这家智库为什么总能在第一时间"捕获"最新的国际经济热点,提出创新的思想与观点?

"我们不能只看眼前,我们更要为一年、两年、三年后出现的主要问题进行预先的周密思考。"①彼得森研究所在研究项目的规划上使用了"滚动议程"原则,他们会根据近期议程的执行与环境变化情况,修改或调整未来的议程。研究所在人才配置上同样费了一番心思,他们搭建了两支人才队伍:一支队伍长期对固定问题进行研究,另一支属于流动人才队伍,专门研究新问题。两支队伍巧妙搭配,在保证智库深入专业研究的同时,还能够及时抓住最新国际经济热点。

3. 新意辈出的研究项目

十多年前,美国智库对中国的研究还不像现在这般红火,很少有智库专门配置资源设立中国项目。卡内基国际和平基金会管理层却在此时前瞻性的预判到,中美关系将成为 21 世纪最重要的双边关系,为此,这家智库于 2001 年成立了中国项目,对中国进行系统性研究,这个项目在不到三年的时间里,就吸引了知名的华人政治学家裴敏欣(Minxin Pei)、亚洲安全问题专家迈克尔·史文(Michael Swaine)等众多中国研究专家的加盟,该项目成为全美阵容最为强大的且影响美国对华政策的重要声音。

"欧盟外交政策评分卡"(The European Foreign Policy Scorecard),是欧洲外交关系委员会的一项重要创新。通过邀请各成员国专家,对欧盟各国及欧盟各大机构的外交政策进行打分评级,"评分卡"涉及俄罗斯、泛欧、美国、亚洲与中国等六大主题下的 65 个政策领域的

①　彼得森国际经济研究所创始人 Fred Bergsten。

表现,并以年度报告的形式向外发布。对于某些突发、紧急的议题,欧洲外交关系委员会还在"评分卡"的基础上设计出"闪电评分卡",比如在"英国脱欧"问题上,就采用了这种升级版本。这个研究项目一经推出就好评不断,直观而又新颖的视角吸引了不少眼球,很好地提高了智库的知名度与影响力。

里斯本委员会研究发现,通过共同数字化市场可以推动欧洲生产力发展,增加就业,弥合欧洲国家间的发展差距,实现欧洲进一步的融合。近年来,里斯本委员会的重点工作就是推动实现"欧洲数字共同市场"(the Digital Single Market)。2015年,这家智库成立了欧洲数字论坛(the European Digital Forum),举办了大量的学术活动,比如关于"进军工业4.0时代和数字共同市场:数字技术如何缩小欧洲各国生产率差距"的高层圆桌会议。通过这些活动,全球杰出企业家、决策者、创业者汇聚一堂,共同讨论这一倡议,此举使该倡议得到欧洲各界领导人更广泛的支持,如欧盟委员会副主席安德鲁斯·安西普(Andrus Ansip)在参会时就表示,创建"数字共同市场"是共同的目标,希望在他接下去的四年半任期中,欧盟与欧洲数字论坛能有更紧密且有意义的合作,期待里斯本委员会的智力支持。

新意辈出的研究项目,有机会成为智库的新"名牌",进一步提高智库的知名度与研究口碑。智库可以在社会背景、自身优势等方面集中发力,不断创造"品牌项目"。

4. 研究素材的"新与旧"

研究素材是研究的基础,丰富的研究素材是取得高质量研究成果的基本保证。

作为一家历史悠久的研究机构,弗里德里希·艾伯特基金会非常注意编集自己的研究成果。这家智库将各处研究所的研究成果、当前或历史研究项目按时间编集,为专家学者提供大量宝贵的社会

政治学和历史学相关的研究资料。

智库的研究需要历史研究成果的积淀,也需要不断有新鲜的素材投入,伊索斯公共政策实验室为了提高研究质量,在研究素材的获取上进行了创新,这家智库采用"参与式观察",就像人类学中的"田野调查法"一般,通过长时间的接触与参与来获取第一手资料,取得了独特的研究素材,提高了对策建议的合理性。

5. 研究质量:评估与控制

"智库最重要的资本是它的公信力,其次才是政府、资助者、其他利益者以及公众。通过保持智库始终如一的高质量研究水平,可以建立并巩固智库公信力,这对智库而言是至关重要的。"[1]

如何保证高质量的研究水平,打造出研究的黄金标准?

为了保证研究的严谨性,生态研究所确立了"保卫良好科学实践"的方针,设立了"独立监察员"制度,任何关于研究质量的投诉都可以直接提交给独立监察员,然后由其直接向所长与董事会汇报。这种机制设计使层级制度不会成为绊脚石,即使是对某些高级科学家或项目领导的投诉也能无障碍送达所长或董事会。

布鲁盖尔国际经济研究所设立了独立委员会,委员会委员们学术背景各不相同,他们负责每隔 3 年对布鲁盖尔的研究成果,包括出版物、所举办的活动以及媒体反馈等综合情况进行详细评估。

采取同行评审也是很多国际智库控制产品质量的的做法,比如贝尔福科学和国际事务研究中心的研究人员就会通过讨论出版物,举行研讨会等方式,将自己的研究成果交由哈佛大学以及其他同行进行评价。更有甚者,国际治理创新中心(CIGI)专门成立了一个独立且专业的项目评估公司,对智库的主要研究活动进行定期评估。

---

① [美]雷蒙德·斯特鲁伊克:《完善智库管理:智库、"研究与倡导型"非政府组织及其资助者的实践指南》,李刚等译,南京大学出版社 2017 年版。

传播

走进卡塔尔大学的图书馆,你会发现两个巨大的触摸屏,当你在上面选择了自己感兴趣的地区后,屏幕上就会弹出半岛电视台研究中心(AJCS)近期发表过的研究成果,你可以将这些文章发到自己邮箱,也可以在社交媒体上进行分享。这就是AJCS于2014年推出的"巡回互动宣传"项目。这种独特的传播方式取得了不错的宣传效果,仅一轮互动过后,就有超过26700人订阅AJCS的时事通讯……这就是传播的力量,智库的研究成果只有得到广泛传播,才可能产生社会影响力。

研究表明,几乎所有的智库都开始意识到社会传播的重要性,并开始重视研究成果的发布与宣传,目前常见的方法是举办发布会、学术研讨会、论坛等来扩大知名度,同时在重要媒体上发布学者的相关活动等。还有一点新的变化在于网络和新媒体技术的应用,越来越受到重视,出现了诸如网络会议、在线学术交流等形式。互联网、社交网络、云技术和掌上电脑为智库开展研究并在全球范围内传播研究成果创造了前提条件。

1. 创新传播战略

对智库来说,将研究成果有效传达给受众与完成高质量的政策分析同样重要。智库在传播方面需要拥有一定高度的战略视角,通过有效的传播途径与良好的公关战略关系,保证智库的研究成果"在正确的时间到达正确的人手中"。

布鲁盖尔国际经济研究所将媒体战略分为传统媒体战略与自媒体战略两部分。在传统媒体战略上,这家智库走了关键的两步,第一步,把全部目标媒体按照重要性、媒介类型、政治或商业背景、语言种类等分类分级,而后进行研究成果的精准投放,如此有的放矢,方可

能达到事半功倍的效果。第二步,专人把关所有给媒体的稿件,并交给专业撰稿人润色,之后由媒体新闻官负责与媒体联络发表事宜。在自媒体战略上,以官方网站为核心平台,建立了一个庞大的自媒体网络,利用各种社交平台扩大影响。每到周末,研究所都会对一周媒体影响力进行数据评估,并发布内部报告。

国际治理创新中心(CIGI)的做法是"构建智库的数字 DNA"。这家智库认为,Facebook、Twitter……这些层出不穷的社交工具,已成为现代智库武装自己的重要"武器",所以必须对每一件"武器"的功能了然于心,应用起来才能得心应手。CIGI 的观点是,可测量性、说服力、清晰的目标、提高声誉的机会……这些因素都应该成为智库选择"武器"的参考标准。为了更好地构建智库的数字 DNA,2015 年,中心邀请泰勒·欧文(Taylor Owen)加入理事会,欧文是一位从事数字媒体研究的专家,同时也是一名教授数字媒体知识的教师,还是 Open Canada 的主编,这样一位兼具数字媒体领域理论与实践人才的加盟,对 CIGI 的传播战略至关重要。

2. 与受众打好交道

有效沟通的第一步就是需要明确智库的目标受众,不同类型的智库,或者智库的不同研究项目可能会面对不同的受众群体,智库需要在明确受众的基础上,制定相应的拓展策略。

早在 1950 年,外交政策研究所(Foreign Policy Research Institute,FPRI)创始人罗伯特在撰写其经典著作《旷日持久的冲突》(*Protracted Conflict*)时就发现,如果人民对国家间冲突的本质不了解,那么国家的外交政策就不能被很好地贯彻,国家的民主政体也会受到侵害。因此,研究所成立至今,始终将公众教育作为工作重点。比如 FPRI 内部的历史研究所通过开展以美国和世界史为主题的会议,为中学老师提供专业的发展机会。截至 2016 年 11 月,已有来自美国 47 个州,750 所中学的 1000 多位老师参加了这个项目。①

弗里德里希·艾伯特基金会通过为普通民众提供政治类技能培训,增强民众参与国家政治活动、工会活动和民主活动的能力,提高公民在社会问题讨论和政策制定方面的话语权。此类教育与培训巧妙地为智库研究成果的传播另辟蹊径。

当然,智库提出的观点能否为国内外普通大众所理解,又能引起他们多大的反响,这些问题的答案某种程度上还取决于媒体的解读与传播。近五年来,日本国际问题研究所(The Japan Institute of International Affairs,JIIA)一直在开展一个"媒体外交项目",借此来促进东亚国家的媒体代表和日本同行之间的对话交流。JIIA 认为,媒体在信息传播中作用巨大,所以他们希望可以"打好媒体这张牌",通过与媒体认沟通,增进了解,有效传播智库研究成果。

3. 艺术在传播中的力量

对一般大众而言,生态研究可能是复杂又枯燥的,如何让这些研究成果得到有效传播,引起公众兴趣,甚至产生共鸣?这正是生态研究所一直在探索的,终于,他们发现艺术与研究结合可以产生巨大的能量。在生态研究所的欧洲研究项目"打击环境犯罪的欧盟行动"中,他们找到了著名的美国摄影大师,彼得·比尔德(Peter Beard),这位曾长居非洲的艺术家,用自己的镜头记录下野生动物的生存与死亡,在他《游戏的终结》(*The End of the Game*)一书中,曾写道,"白人踏入非洲越深,生机消失越快,离开广袤的大草原和茂盛的雨林……从数不清的'战利品'——毛皮与猎物——中消失"。比尔德将科学分析与影像结合,通过艺术将环境犯罪表现得淋漓尽致。

生态研究所新上任的科学与管理负责人 Camilla Bausch 博士发

PART 2　智库如何创新

---

①　https://issuu. com/fpri/docs/2015 _ annual _ report _ final? e = 23311798% 2F33321698.

起了一项艺术竞赛,对以能源转换艺术为主题的作品给予奖励。竞赛吸引了 400 多位不同背景艺术家的参与。竞赛评委会最后选取了 19 位艺术家的作品,并对 Romina Farkas、Markus Hoffmann 和 Roswitha Maul 三位艺术家进行了奖励。市场效应作用下,越来越多的艺术家开始从事能源议题的创作,越来越多的专家开始意识到艺术在观点传播中的力量。

4. 技术创新让传播更生动

以"保护生态环境"为己任的 WRI 联合谷歌等 40 余家合作机构,发布了一款森林动态监测和预警的在线系统——全球森林观测(Global Forest Watch,GFW)。GFW 运用了卫星技术、开放数据、众包模式,能够保证提供即时可靠的森林信息,从根本上改变人类与企业管理森林资源的方式。毫不夸张地说,从现在开始,不管是破坏森林的行为,还是保护森林的举动都将一览无余。

布鲁金斯学会仿照《纽约时报》的"雪崩"(snowfall)传播模式①,在自己网站上创立了 TBE(The Brookings Essay)平台,用于探讨重要的公共政策议题。每个议题都是由 6000 字左右的文章配以动图、实时视频以及可视化数据等组成。平台推出后,学会网页的停留时间提高了 125%,其中 72% 为首次访问者。

威尔逊中心发现,游戏的吸引力不可小觑。于是,这家智库开发了一款互动游戏,人们可以通过游戏轻松模拟类似美国财政预算等复杂问题。这种看似简单又有趣的方式让普通人可以轻松接触到国家重要议题。

FGV 公共政策分析中心(DAPP)开发了多种实时监测工具,比

----

① 2012 年 12 月 20 日,《纽约时报》上线了一个全新形式的数字化专题报道 Snow Fall(《雪崩》)。一周内创造了 350 万的点击量和 290 万的访客,其中,有接近三分之一的人是首次访问纽约时报的网站。

如"主题监测"（The Theme Monitor）工具为公众展示了公众对交通、健康、教育、安全、抗议、腐败等领域关注的热度，人们可以借助这些工具预测出下一个公共政策讨论热点。

资金

资金是智库可以正常运营的前提条件，资金来源多元化是智库公信力、高质量以及可持续发展的基本保证。长期稳定的运营资金可以为智库的自我创新提供基本保证。

国际智库常用的资金来源模式主要分为以下几种：

1. 稳固的基金支持模式

布鲁金斯学会、卡内基国际和平基金会等都有稳固的基金支持，这些智库可以通过基金的银行利息等来维持智库的基本运作以及自主开展一些重点项目，从而保证了智库的整体研究方向。正如卡内基国际和平基金会总裁杰西卡·马修斯（Jessica Mathews）所言，"我们拥有相对充足的基金，我们在研究选题上就可以拥有很大的自主性，可以把更多的时间花费在研究上，而不是用于寻找资金上。"但是，并不是所有的智库都能拥有稳固的基金支持，这就需要采用其他的融资模式。

2. 广泛的社会捐赠模式

这种筹资方式主要从成千上万个私人捐赠者那里获取运营资金。传统基金会（The Heritage Foundation）率先在 20 世纪 70 年代启用了这个方式。通过这个方式，传统基金会不仅顺利维持了公司的整体运营，而且成为了一个全球知名的研究机构。传统基金会目前有 50 多万会员，数量众多的会员为智库提供了 75% 的资金来源①。

———————————
① http://www.heritage.org/about-heritage/membership.

传统基金会在官网上专设了捐助链接,只要填写捐助人的基本信息与捐助金额即可。美国进步中心、卡托研究所、兰德公司等也采用了这种"人海战术",在其网站上就可以直接捐款。这种模式的资金来源分散,用途上没有限制,捐助者无法干涉智库的研究内容、改变研究成果,不会对智库研究的客观性产生影响。这种模式的另一个优势就是为智库建立起庞大的资助体系,在保障资金的同时,这个系统也为智库进行了广泛的宣传。

3. 会员战略模式

布鲁盖尔国际经济研究所采用了"少而精"的高端会员战略。这家智库每年总收入的 80% 来自会员捐助。正是这些资金保证了智库项目的稳定性。布鲁盖尔国际经济研究所的会员分为三类:政府会员、企业会员、机构会员。政府会员共有 18 个,主要是欧盟国家政府,这部分会员根据自身情况进行资金捐助。企业会员有 30 个,主要是欧美、日韩等地区的大型企业,这部分会员每年捐助 5 万欧元。机构会员有 12 个,主要以欧洲地区各个中央银行为主。[1] 会员战略模式需要智库具有一定的社会影响力与政策影响力,才能吸引会员的加入,并通过会员费等方式支持智库的发展。这种模式的前提是智库需要采取一定的措施,以保证会员不会干涉智库的研究。比如,布鲁盖尔为了保证自身的研究独立,规定每家会员单位每年所捐会费不得超过总会费的 5%。

4. 政府资助模式

这种模式的主要实践者为官方与半官方智库。比如中国社会科学院,2016 年度收入预算总计 230263.54 万元,其中中央财政拨款占

---

① See http://bruegel.org/about/membership/.

比超过 88%。① 政府资助模式存在稳定性问题,政府是否拨款以及拨款数量的多少都与政府预算有直接关系。这种模式的优点是资金使用没有限制条件,但却无法全面推动和衡量智库知识生产的有效性与真实水准,而且智库研究容易被认为缺乏独立性。

5. 委托研究项目

兰德公司的前身是美国陆军航空队与道格拉斯飞机公司的一个特别研究项目"研究与发展计划"(Research & Development),这个计划的目的是在核威胁笼罩下的和平时期继续挖掘民间科学家的才能,服务于美国国防建设。② 兰德专长于军事战略研究,获得了来自国防部的大量资金支持,很多合同是同联邦政府签订的。2015 年,兰德公司收入中有将近 80% 来自美国空军、陆军、国防部长办公室等众多政府部门。其他如城市研究所等也是政府委托研究项目的一个重要代表。这家成立于 1968 年的智库,85% 以上的经费都来自政府的资助和基金会的捐款。③

这种模式下,政府等需求方与智库之间是平等的合作关系,可以促进政府与智库之间信息资源的共享与人员的流动。兰德公司的工作人员平均每几个月就要同美国政府安全部门的研究人员进行研究交流。尽管这些研究项目都签订了合约,但是对兰德公司来说政府部门更像优先处理的合作伙伴。

作为公共政策的研究者,智库的研究必须客观与专业,要做到这一点,首先就要保证智库的研究不受资金来源的左右。纵览国际知

① 《2016 中国社会科学院部门预算》,http://cass. cssn. cn/tongzhigonggao/201604/t20160415_2969410.html。
② 卢咏:《第三力量—美国非营利机构与民间外交》,社会科学文献出版社 2010 年版。
③ 卢咏:《第三力量—美国非营利机构与民间外交》,社会科学文献出版社 2010 年版。

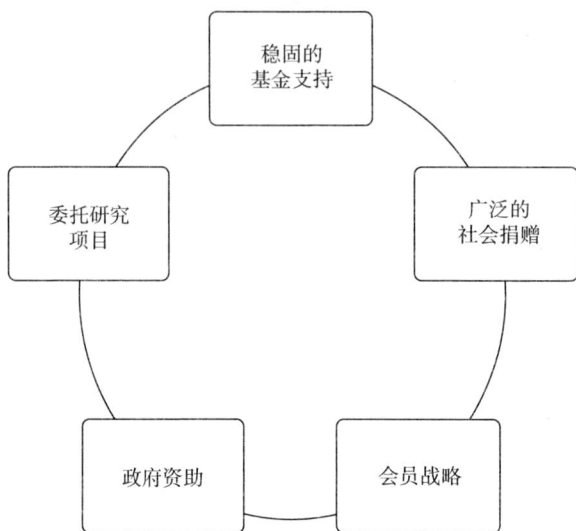

图 2-6　智库常用的融资模式

名智库的实践,资金来源多元化是保证智库研究公信力的基本模式。

英国智库查塔姆社收入来源中,政府及国际组织资金、私人基金会、企业与个人会员费、活动和会议费、慈善捐助、出版物收入分别占比 23%、19%、17%、10%、5%、3%。为保持研究的独立性,查塔姆社一般不会接受单个公司对研究的资助。目前有超过 150 家来自世界各地的组织通过赞助经费支持其研究活动,有 360 家企业会员和 3400 多名个人会员为其提供会员费。这些都保证了查塔姆社可以自由选择研究课题,不受制于任何组织和个人。

国际治理创新中心有来自加拿大政府、滑铁卢市政府等 7 位固定核心资助者,也有来自其他国家的非固定合作者,比如,2015 年,这家智库就收到了来自国际发展研究中心(International Development Research Centre)、麦克阿瑟基金会(MacArthur Foundation)、谷歌、Ivey 基金会等 40 个机构的支持。在保持多元化资金渠道的同时,中心的资金来源还保持着透明,从 2014 年开始,国际治理创新中心就在资金透明度方面被美国的"透明化(Transparify)"组织评为五星,①中心通过公开资金来源,很好地提升了智库的公信力。

表 2-2　国际智库经费来源渠道多元化

智库名称	经费来源渠道
兰德公司(RAND Corporation)	政府项目收入、慈善机构、基金会、私人部门和个人的捐赠等
外交关系协会(Council on Foreign Relations)	卡内基国际和平捐助基金、洛克菲勒、摩根等基金会和财团;同时,还有个人成员会费、公司成员会费、出版物、投资和出租收入等
美国国际战略研究中心(Center for Strategic and International Studies)	基金会捐助资金、公司和个人捐赠;其中,以洛克菲勒为首的 40 多个石油财团是它较为固定的支持者和资助者
欧洲政策研究中心(Centre for European Policy Studies)	欧盟的项目资金、120 个企业会员和 130 个机构会员的会员费等
日本国际问题研究所(The Japan Institute of International Affairs)	政府补贴、裁军和核不扩散中心收入、合同研究收入、公司会员和个人会员捐赠等,同时还有部分来自于图书馆会员捐赠、出版物
法国国际关系研究所(French Institute of International Relations)	几乎所有入选巴黎指数的法国大公司和欧美大公司都进行了资助

资料来源:根据公开资料整理。

　　资金来源多元化是智库公信力的基本保证。智库作为非营利机构,同咨询公司等商业性公司的重要区别在于资金来源渠道不同。咨询公司等商业公司的经费主要来自于投资者的投资、产品与服务所产生的利润等途径。智库等非营利机构的经费主要通过筹款以及为社会提供的服务所获取。智库的公信力,源于其非营利的本质、独立的地位和客观的研究。"如果一个智库被发现依附于某个利益集团,它的公信力也就不复存在了,就不会对决策者和公众具有影响力和说服力,它也就失去了存在的意义。"②智库要

---

① Transparify 致力于在全球层面上为世界顶级智库的财政透明度进行评级,详见 http://www.transparify.org/,其中五星是最高级别。
② 朱旭峰:《中国智库建设 10 大关键词》,《光明日报》2015 年 2 月 4 日。

保证公信力,首先就要避免资金来源单一化,避免被赞助者"绑架"成为"利益代言人"①,资金来源多元化是解决这个问题的最佳途径。

资金来源多元化是智库高质量研究成果的基本保证。政府拨款、企业、基金会以及个人的捐赠是智库主要的资金来源,然而这些资金来源都具有一定的不稳定性,尤其是受到经济危机影响的时候。比如,2008年金融危机后,很多国家以及地方政府削减了公共政策研究的财政投入,企业对智库的资金支持也大大缩减。因此,智库的资金来源必须多元化,以增强抵御突发事件的能力。多元化的筹资渠道大大扩充了利益相关方的数量,有助于缓和因某些筹资渠道不畅造成的项目流产,为研究成果的高质量提供了基本保障。

资金来源多元化是智库可持续发展的基本保证。对非营利机构来说,最有用的捐款是"非指定性的",这种资金具有最大的机动性,可以用于实现机构宗旨的任何方面。还有一种"指定性"捐款,这种资金有使用限制,必须用于某一特定项目。② 因此,智库需要明确捐款的属性,资金来源多元化在保证智库研究顺利进行的同时,更能为智库自身的建设提供资金支撑,使智库有能力在基础设施、科技平台、员工培养等方面进行投资,③进一步增强了智库对人才的吸引力、对研究的支撑力,有利于智库的长期可持续发展。

合 作

20世纪80年代中期以来,社会网络学派获得重要发展,其代表

---

① 王辉耀:《独立性是智库的根本价值所在》,《新京报》2009年7月。

② 卢咏:《第三力量——美国非营利机构与民间外交》,社科文献出版社2010年版。

③ 王辉耀、苗绿:《大国背后的"第四力量"》,中信出版社2017年版。

人物包括格兰诺维特（Granovetter）、博特（Burt）等。格兰诺维特认为，影响人们行为的因素是具体的社会关系，经济活动嵌入在具体的社会关系中，因此，只有深入了解社会关系，才能更好地理解经济活动。① 博特将社会网络学扩展到组织领域，认为社会网络可以带来信息与控制方面的收益。近年来，社会网络不断被用于企业组织的分析中，外部知识网络日益成为企业创新的重要构成要素以及驱动创新的一种组织方式。②

智库工作不仅仅是专业研究工作，还有编结社会网络的工作，从研究选题的来源到研究工作的开展再到研究成果的呈现，无一不在网络之中进行和完成。③ 哈佛大学肯尼迪政府学院的江濡山认为，每个知名的智库机构都精心编制了3张网络，包括全球同行研究网络、特殊的人际关系网络和自成体系的情报信息网络④。

然而，并非所有的外部关系网络都有效，博特在《结构洞：竞争的社会结构》一书中提出了"结构洞"理论（Structural Holes）。他认为，"只有当网络结构中存在结构洞的时候，社会网络才能发挥作用。"所谓的"结构洞"是指社会网络中的空隙，即社会网络中某个或某些个体和有些个体发生直接联系，但与其他个体不发生直接联系，即无直接关系或关系间断，从网络整体看好像网络结构中出现了洞穴。⑤

当威尔逊中心将研究焦点放在"美墨边境的未来"这个主题上时，它需要详细的边境知识以及边境地区利益相关者关系网，所以它

---

① Granovetter, Mark. 1985. "Economic and social structure: the problem of Embeddedness." *American Journal of Sociology* 91, pp.481–510.

② 郑永年：《内部多元主义与中国新型智库建设》，东方出版社2016年版。

③ 王春法：《关于好智库的12条标准》，《创新研究》2017年6月30日。

④ 朱瑞博、刘芸：《智库影响力的国际经验与我国智库运行机制》，《重庆社会科学》2012年第3期。

⑤ Burt R., *Structural Holes: The Social Structure of Competition*, Cambridge, MA: Harvard University Press, 1992, p.47.

与北部边境大学(Northern Border College,COLEF)以及亚利桑那州立大学的北美跨境研究中心(the North American Center for Trans-border Studies,NACTS)建立了合作关系,它还需要得到美国州政府及立法机关的关注,所以它与州政府委员会(the Council of State Governments,CSG)建立了合作。威尔逊中心通过与这些机构的合作开展了一系列重要研究,对政策产生了影响力。[1]

当智库面临重重挑战时,合作网络变得愈发重要。莱斯利·菲尔德与希瑟·麦克里奥德·格兰特(Leslie R. Crutchfield / Heather McLeod Grant)曾在《善的力量》(*Forces for Good*)中写道:"想要扩大社会影响力的组织应该寻求建立一个合作网络,并作为改变的引擎。"纵观世界各大智库,合作是他们提高研究质量,扩大影响力的重要途径。合作目标、合作对象、合作模式……这些合作中存在的因素都可以成为智库创新的着力点。可以说,合作正成为智库创新的重要源头。

---

① 王辉耀、苗绿:《大国背后的第四力量》,中信出版社 2017 年版。

PART 3

全球智库创新借鉴

B

打造学术的黄金标准：贝尔福科学和国际事务研究中心

1973 年，为重振对核威胁和军控的研究工作，生化学家保罗·道特（*Poul Doty*）创立了科学与国际事务研究项目。五年后，在福特基金会的资助下，科学与国际事务研究项目得以成为有形的科学与国际事务研究中心，并成为约翰·肯尼迪行政学院的第一个永久性研究中心。20 世纪 90 年代初开始，研究中心相继承担了科学技术和公共政策、环境与自然资源等重大课题的研究，研究范围不断扩展。20 世纪 90 年代末，中心经历了第四次重要发展，并正式改名为贝尔福科学和国际事务研究中心（*Belfer Center for Science and International Affairs*）。

贝尔福研究中心属于高校智库中的佼佼者，人员背景多元化，具有政府、商业和媒体背景的人员数量及比例都较高。2017 年，美国前国防部长卡特结束了他 35 年服务于国家安全领域的职业生涯，加入贝尔福中心，成为中心主任。目前，研究中心不但承担着研究任务，还肩负着为相关领域培养下一代领导人的重大使命。

1. 不断增强的智力"拉动力"

贝尔福研究中心在全球大学附属智库排名中占据榜首位置①。

---

① 引自宾夕法尼亚大学"智库与民间社会组织项目"（*Think Tanks and Civil Societies Program*）发布的"2015 年全球智库调查报告"。

这家智库以哈佛大学为基地,集结了 150 多位来自哈佛的研究员和教员,他们是贝尔福研究中心的核心团体。中心每学年还会提供一定数额的研究奖学金,这就为想要投身国际事务研究又苦于没有资源的个人提供了很好的机会。当然,这也是一种双赢,中心付出奖学金的同时,也收获了高质量的研究人才,在这种不断增强的智力拉动下,研究中心才能不断生产出高质量的研究成果。

2. 打造学术的黄金标准

贝尔福集结了诸多核研究、军事战略等领域的国际知名专家学者。研究中心为他们提供了相互交流和学习的平台。专家学者通过讨论出版物和政策,举行研讨会,将自己的研究成果交由哈佛大学以及其他同行进行评价等方式,在激发了自身创造性思想的同时,更打造出学术的黄金标准。

3. 精准定位关键目标受众

智库的目标受众有很多,能否精准定位关键目标受众,并"对症下药"关系到智库的前途。贝尔福研究中心明确了解其在核、国际安全、国防领域研究上的传统资源与优势,于是将自己的关键目标受众精准定位为政策制定者,通过为他们提出针对性的立法倡议与研究成果支持,获得政策制定者们的青睐和信任,佐治亚州前参议员山姆·纳恩(*Sam Nunn*)和印第安纳州参议员理查德·卢格(*Richard lugar*)就曾称赞贝尔福研究中心是纳恩-卢格立法(*Nunn-Lugar Act*)①的孵化器。

4. A/B 测试法

像很多智库一样,贝尔福研究中心也会经常使用电子邮件来传

---

① 第二次世界大战以来美国国会提出的有关国家安全方面最重要的倡议之一。

播研究成果。他们与众不同之处就在于采用了 *A/B* 测试法来优化宣传效果。所谓 *A/B* 测试法，简单来说，就是一方拥有 *A*、*B* 两种方案，但事先无法预测哪种方案更好，所以无法抉择到底用哪一种方案。这时方案实行方就会将两种方案控制变量后同时呈现给受众，一段时间后进行抽样调查，总结出哪种方案更受青睐，从而将该方案投入实践。贝尔福研究中心首先通过 *A/B* 测试法，找出受众更感兴趣的研究点，然后有针对性地进行相应研究成果的宣传。实践证明这种做法确实起到了良好的宣传功效。

贝尔福科学和国际事务研究中心以哈佛大学为基础，在拥有稳定且不断增强的智力基础的条件下，通过追求"学术的黄金标准"，精准定位目标受众和运用 *A/B* 测试法进行成果宣传，不断扩大自身在国际核与军控研究方面的影响力。

欧洲经济政策实验室：布鲁盖尔国际经济研究所

布鲁盖尔国际经济研究所(*Bruegel*)是一家年轻的智库，成立于2005年，虽然成立时间不长，这家智库却在不到10年的时间里，迅速成长为一家国际知名的经济政策智库①。

在过去几年中，*Bruegel* 的大部分工作是研究全球金融危机及其在欧洲产生的后果，他们立足经济学，通过政策研究和探讨提升欧洲经济政策的质量。在关注欧洲的同时，研究所也关注全球问题，比如全球经济与治理、能源与气候等方面。实际上，*Bruegel* 的规模并不大，从工作人员数量来看，研究人员、非研究人员、访问学者、研究助理、实习生等在内总共不过五六十人②。这样一家"小型"智库如何

---

① 根据宾夕法尼亚大学"智库与民间社会组织项目"(Think Tanks and Civil Societies Program)发布的"2015 年全球智库调查报告"，布鲁盖尔国际经济研究所高居全球顶级智库第五位，在全球"国际经济学"研究方向智库中，排名第二，在全球"智库管理做得最好"排名中，位列第三。

② http://bruegel.org/about/research-team/.

能在短时间内成长为一家国际知名的经济政策智库的呢？

1. 学术独立与透明

布鲁盖尔人坚守学术独立与透明的原则。研究所不但每年在年报中公开智库的收入与支出，还在透明度与问责制方面"严于律己"。

自 2005 年成立以来，布鲁盖尔就设置了一系列高标准，所有学者必须签署"科研诚信声明"（*Statement of Research Integrity*），承诺自己将尽量避免党派之争，摒弃狭隘主义。布鲁盖尔的学者和管理人员必须严格遵守并执行声明上的要求。除签署声明以外，布鲁盖尔学者和管理人员还必须每年公开自己的研究或工作的基本情况，从而保证管理层能够应对潜在的利益冲突。2012 年 11 月，研究所发布了《布鲁盖尔学者披露外部收益以增加透明度声明》，规定所有常驻学者和管理人员的外部收益每年要在网站公开披露。[①]

值得注意的是，布鲁盖尔还设立了独立委员会，这个委员会的成员由智库会员推选组成，这些成员的学术背景各不相同，他们负责每隔 3 年对布鲁盖尔的研究成果，包括出版物、所举办的活动以及媒体反馈等综合情况进行详细评估。[②]

2. "少而精"的高端会员

布鲁盖尔每年总收入的 80% 来自会员捐助。正是这些资金保证了智库项目的稳定性。布鲁盖尔的会员战略非常有特色，可以总结为"少而精"的高端会员。会员分为三大派：政府会员、企业会员、

---

① 李玲：《比利时布鲁盖尔研究所的基本理念、运行机制和发展态势》，《智库理论与实践》2016 年 10 月。

② 杨敏：《比利时布鲁盖尔国际经济研究所：异军突起的智库新锐》，《中国社会科学报》2013 年 5 月 29 日第 456 期。

机构会员。政府会员共有 19 个,主要是欧盟国家政府,每个国家的资助额度按照其人口与国民生产总值来确定,其中 5 个主要国家出资额度相同,他们是法国、德国、意大利、西班牙和美国。企业会员有 30 个,主要是欧美日韩等地区的大型企业,这部分会员每年捐助 5 万欧元。机构会员有 12 个,主要以欧洲地区各个中央银行为主。①

为保证自身的独立性,*Bruegel* 规定,每家会员单位每年所捐会费不得超过总会费的 5%。自成立之初,*Bruegel* 就坚持财务公开,包括所有的会员以及非会员资助在内的详细收支情况。

3. 灵活的人事管理模式

布鲁盖尔研究所在智库管理方面的做法也得到了业界的肯定,高居 2015 年世界管理最好智库排行榜第三位。以人事管理为例,*Bruegel* 摒弃了传统的"本地、非本地"同事的模式②,他们更多考虑的是"核心和非核心"的模式,也就是说,核心人员并不一定是全职的,也不一定住在比利时。这种灵活的人事管理模式保证了核心人员无论身处何地,无论是否全职,都可以发挥自己的优势,为智库的研究成果作出贡献。"蓝筹债券提案"(*The Bluebond Proposal*)就是这种灵活的人事管理模式下的代表作。该提案曾在欧洲主权债务危机引发的争论中产生过巨大影响。提案的两位作者,一位是驻所研究员,另一位此前并没有参与过研究所的工作。正是拥有了灵活的人事管理模式,布鲁盖尔研究所才能够将最聪明的人聚集起来解决政策问题,提出具有创造力的想法。

4. 全媒体战略

在传统媒体战略上,布鲁盖尔坚持了"分类分级"与"单一通道"

---

① See http://bruegel.org/about/membership/。
② 即本地同事是全职的,非本地同事则不是。

两条原则。

分类分级：全部目标媒体按照重要性、媒介类型、政治或商业背景、语言种类等依次分类分级，然后将研究成果进行"精准投放"，从而大大提升传播效果。

单一通道：所长或资深研究员把关所有给媒体的稿件，修改后交给自由撰稿人润色，之后再由媒体新闻官负责与媒体联络发表事宜。

在自媒体战略上，布鲁盖尔以官方网站为核心平台，建立了一个庞大的自媒体网络，利用各种社交平台扩大影响。每到周末，布鲁盖尔都会对一周媒体影响力进行数据评估，并发布内部报告。每个年度，在研究团队向科学委员会进行的科研工作汇报中，媒介的引用、下载量等都是重要参考指标。

以学术独立和透明为原则，布鲁盖尔国际经济研究所通过发展"少而精"的高端会员，运用灵活的人事管理模式和"两步走"的全媒体战略等创新办法，不断在国际经济研究领域发挥着影响力。

美国智库中的"轻骑兵"：彼得森国际经济研究所

"华盛顿共识""G2（中美）"等概念曾引起全世界的关注，受到美国前总统卡特的国家安全顾问布热津斯基（*Zbigniew Brzezinski*）、世界前银行行长罗伯特·佐利克（*RobertZoellick*）、著名历史学家尼尔·弗格森（*Niall Ferguson*）等众多重量级人物的追捧。这些概念的提出者就是彼得森国际经济研究所（*Peterson Institute for International Economics*，*PIIE*）。这家智库成立于1981年，创办人为美国著名经济学家弗雷德·伯格斯滕（*C.Fred Bergsten*），他曾被美国媒体誉为"最能影响市场"的全美50名经济学家之一。*PIIE* 主要研究领域为国际经济政策，研究重点包括地区贸易协议和跨国投资，特别是关于跨太平洋伙伴关系协定（*Trans-Pacific Partnership Agreement*，*TPP*）的研究；中国发展模式转变及其对世界经济的影响；经济危机后宏观经济

政策选择；全球化、不平等和劳动力市场调整；金融稳定性和改革，包括对全球银行与非银行金融机构的成本效益分析监管；汇率干预与国际金融货币体系改革等方面。

虽然与布鲁金斯学会这类智库相比，彼得森国际经济研究所规模不大，但其在国际经济领域的影响力却不可小觑，根据 2016 年 2 月，宾夕法尼亚大学"智库与民间社会组织项目"（*Think Tanks and Civil Societies Program*）发布的"2015 年全球智库调查报告"，在"国际经济"研究方向的世界智库排名中，彼得森国际经济研究所高居榜首①。

那么，彼得森国际经济研究所都进行了哪些创新呢？

1. "滚动议程"原则

1989 年，彼得森国际经济研究所的经济学家约翰·威廉森（*John Williamson*）提出了"华盛顿共识"的概念，成为 20 世纪 90 年代经济学界最流行的用语之一。美国次贷危机发生后，研究所经济学家西蒙·约翰逊（*Simon Johnson*）率先提出"银行太大不能破产"的问题，为美国政府制定金融机构改革方案提供了重要思路。随着中国经济的崛起，研究所创始人伯格斯滕（*Fred Bergsten*）最早提出了中美共同治理全球经济的 *G*2 概念，引发学术界的关注……这家智库为什么总能在关键时刻提出解决方案？伯格斯滕的答案是："我们要为一年、两年、三年后出现的主要问题进行预先的周密思考"。原来，彼得森国际经济研究所一直以"滚动议程"②为原则来明

---

① See James McGann (February 2016). "The Global Go To Think Tanks Report 2015". pp.96、78、142、148.

② "滚动议程"原则，简单来说，是指一种动态的议程。它改变了"等一项计划全部完成后再开始制订下一个计划"的静态议程设置方式，而是在每次议程制定或调整时，都会将各议程按时间顺序向前推进一个时期，换句话说，就是所有议程都向前滚动一次。此种议程设置方法遵循"近细远粗"的原则，可以有效地根据近期议程的执行与环境变化情况，调整或修改以后的议程。

确研究项目,制订中长期研究计划,然后结合智库资源情况付诸实施。这种议程设置方法使 *PIIE* 能够提供更多时效性强的研究成果的同时,还有利于研究所提前几年预见政策问题,从而尽早积累,做到未雨绸缪。

2. 注重热点跟踪研究

注重热点跟踪研究是 *PIIE* 的重要特点。20 世纪 80 年代初期,由墨西哥宣布无力偿还到期外债引发的债务危机迅速蔓延到巴西、阿根廷、委内瑞拉、智利等十多个拉美国家,刚成立不久的彼得森国际经济研究所紧紧抓住债务危机问题,通过一系列研究崭露头角。20 世纪 90 年代后期,亚洲金融危机爆发后,研究所及时开展了全面的跟踪研究,并由此奠定了在国际经济研究领域的权威地位;进入21 世纪,研究所再次跟踪热点,对中美经济关系、美国次贷危机以及国际金融体系改革等国际热点进行了研究,并推出《美元的未来》、《为什么 *SDRs* 能够与美元竞争》、《美元与赤字:美国如何避免下一次危机》等引起学术界广泛关注的成果。[1]

研究所目前的研究重点涉及全球经济危机,尤其关注遭受到严重冲击的欧洲市场,信贷与经济复苏,全球失衡与汇率之争,全球化及其政治争议,双边、多边、地区贸易谈判等议题。为了在第一时间"捕获"最新国际经济热点,*PIIE* 搭建起两支人才队伍:一支队伍长期对固定问题进行研究,另一支属于流动人才队伍,专门研究新问题。两支队伍的巧妙搭配,在保证智库深入专业研究的同时,还能够及时抓住最新国际经济热点,这或许就是 *PIIE* 总能在关键时刻"语出惊人"的重要原因吧。

PART 3　全球智库创新借鉴

---

[1]　王辉耀、苗绿:《大国背后的第四力量》,中信出版社 2017 年版。

3.独立、公开与透明

彼得森国际经济研究所非常注重研究的独立性与透明性,并在实践中通过资金来源多元化与公开化,研究过程的独立性与研究成果的公开性等方式加以实现。

彼得森研究所每年都会收到上百份来自世界各地的公司、基金会以及个人的捐助。① 研究所在资金来源上保持透明,在资金来源报告中,细化类别,向公众提供所有不涉及机密的重要数据。多样化的资金来源使研究所无须依赖某些资金,从而保证了研究过程和成果不受资金来源左右。

PIIE 政策规定,所内研究人员需就研究成果和学术诚信进行相互评估打分。研究成果向公众开放,专家学者可以对这些成果进行评审和验证,这些举措提高了研究所在学术界的形象,增加了其国际影响力。

4.新媒体先行

在经济学界,彼得森国际经济研究所的网站可以与美国国家经济研究局(NBER)、国际货币基金组织(IMF)相媲美。PIIE 每月拥有超过百万次的点击率,是全球利用率最高的研究型网站之一。2016 年,研究所网站全新上线,他们利用最新的通信技术,重新设计了网站的页面与后台,增加了很多新的传播形式,探索通过博文、图表、视频等更好地传播智库观点。

PIIE 在国际经济研究领域表现出非凡的洞察力,这一能力在一定程度上赋予了其引领时代潮流的角色,研究所充分利用自己的这一优势,在社交媒体上发布关于国际经济问题的最新预测,搭建公众讨论平台,为了保证内容的吸引力,研究所还专门雇用了记者、社会

① Peterson Institute for International Economics(2016),*On the Funding of the Peterson Institute for International Economics*,p.4.

媒体"写手"等专业人士,对内容进行加工。

从规模、人数、研究领域来说,在"众星云集"的美国智库中,彼得森国际经济研究所只能算作"微型",不过,正是这样一支"轻骑兵",通过吸收全球顶级经济学家,剖析全球最敏感的国际经济热点,借助媒体、网络资源,深刻影响着政策决策与公众舆论。

历久弥新的百年智库:布鲁金斯学会

布鲁金斯学会(*Brookings Institution*)的创立可以追溯到 1916年,创立者是来自圣路易斯市的企业家、华盛顿大学董事会主席罗伯特·布鲁金斯。布鲁金斯学会在美国政坛乃至国际层面都拥有非凡的影响力,联合国的组成、马歇尔计划的设计、美国国会预算处的设立这些重大历史事件中都有布鲁金斯学会的身影,可以说,布鲁金斯学会几乎见证了 20 世纪以来美国历史上的每一个精彩时刻。以至于欧盟委员会前金融委员乔纳森·希尔(*Jonathan Hill*)曾如此评价布鲁金斯学会:"在过去的一百年中,国王被推翻又复辟,世界秩序发生了天翻地覆的变化,但布鲁金斯学会始终屹立不倒。作为一家存在了百年的智库,布鲁金斯学会不只是在国际事件发生后进行评论,它更影响并塑造着这些历史事件。"

2010 年至 2011 年,笔者以访问学者的身份来到布鲁金斯学会,亲历了这家"全球第一智库"的日常运作,加深了对这家知名智库的认识。在笔者看来,布鲁金斯学会的成功不是偶然现象,而是国际化视野、丰富的人才储备等一系列因素综合作用的结果。

1. 激励跨学科研究

最近几年,布鲁金斯学会一直在尝试采用不同的机制鼓励跨学科研究。比如学会设立了法律、经济与政治中心,为经济研究提供跨学科研究方法。再比如学会还曾专设了几个激励基金,为参与交叉

项目合作的学者提供灵活的资源配置。

2016 年,在布鲁金斯学会成立 100 周年之际,学会启动了百年学者计划(*Centernial Scholar Initiative*),这个计划旨在创造一种新型的布鲁金斯学者关系,推动跨领域、交叉学科的研究,发挥学者之间的协同作用,培养一种更加稳健的个人与研究团队之间的合作文化。"百年学者计划"的研究领域不再局限于布鲁金斯学会五大研究部门中的任一部门,而是整合学会各部门的研究力量,推动学会跨部门、跨学科、全球视角的公共政策研究,致力于建立创新学术研究体系,不断提升学会本土和全球影响力[①]。

2. "掌控"大数据

大数据时代的到来,对智库是一个严峻的考验:智库只有将这些知识纳入自己的研究中去,否则只能沦为过时的信息来源。尽管国内外智库逐渐关注大数据对研究的影响,并在研究中引入大数据,然而世界上大多数智库都没有设立专门进行大数据研究的机构。布鲁金斯学会在大数据应用方面走在了前列。这家智库设有运用大数据和云计算能力的专门机构——"技术创新中心",布鲁金斯学会还创造性地运用大数据对非洲塞内加尔全国的贫困情况进行诊断,并发布研究报告。[②]

3. 特色决策培训

决策培训项目,是布鲁金斯发挥政策影响力的一种重要途径。学会通过立法国会奖学金项目(*The Legis Congressional Fellowship*)、公共领导力资格项目(*The Certificate in Public Leadership*)、领导学研究生学位(*Master of Science in Leadership*)以及定制培训项目(*Custom*

[①] 高春玲:《布鲁金斯学会的核心价值、运行机制及未来构想》,《智库理论与实践》2016 年 4 月。

[②] 郑永年等:《内部多元主义与中国新型智库建设》,东方出版社 2016 年版。

Programs）四个项目，为决策者提供培训。2009年，学会与华盛顿大学奥林商学院（*Olin School of Business*）合作，为政府决策者提供涵盖国际问题、美国政策制定及公共领导力等方面的培训。

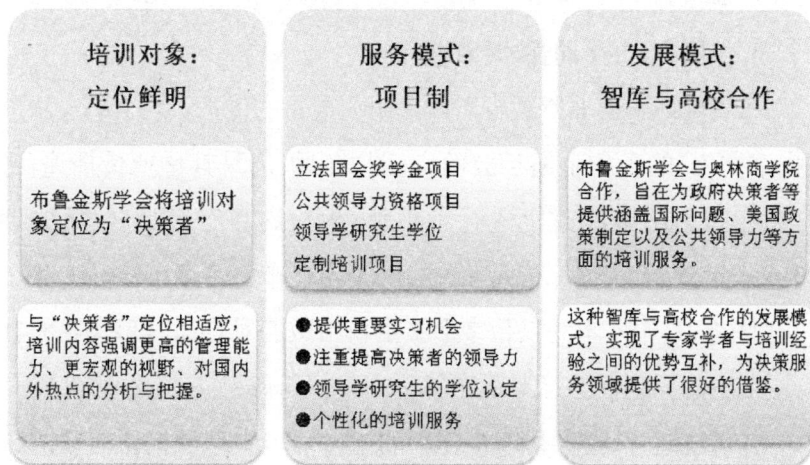

培训对象： 定位鲜明	服务模式： 项目制	发展模式： 智库与高校合作
布鲁金斯学会将培训对象定位为"决策者"	立法国会奖学金项目 公共领导力资格项目 领导学研究生学位 定制培训项目	布鲁金斯学会与奥林商学院合作，旨在为政府决策者等提供涵盖国际问题、美国政策制定以及公共领导力等方面的培训服务。
与"决策者"定位相适应，培训内容强调更高的管理能力、更宏观的视野、对国内外热点的分析与把握。	●提供重要实习机会 ●注重提高决策者的领导力 ●领导学研究生的学位认定 ●个性化的培训服务	这种智库与高校合作的发展模式，实现了专家学者与培训经验之间的优势互补，为决策服务领域提供了很好的借鉴。

图 3-1　布鲁金斯学会的决策培训模式

4. 强大的人才储备

智力资本是智库的核心资本，布鲁金斯学会的成就离不开全球顶尖智力资本的支撑，截止2016年10月，包括资深研究员与访问学者在内，学会研究人员达到了300多人。为集聚全球智慧，布鲁金斯学会常年提供研究经费邀请各国访问学者到华盛顿总部开展研究工作，当访问学者离开时，布鲁金斯学会相应的研究中心会举行公开研讨会，为访问学者提供向公众展示研究成果的舞台。

5. 人才"旋转门"

苏珊·赖斯（*Susan Rise*）、彼得·奥斯泽格（*Peter Orszag*）、伯南克（*Ben Bernanke*）……这些叱咤美国政坛的人物有一个共同的身份，就是他们都曾经是布鲁金斯学会的研究员。这些政治精英在进入布鲁金斯学会后，利用在政府工作时的人脉与资源，开展相关政策

71

研究,从而使自己的研究成果更具创新性与影响力,可以想象,当这类研究员再次担任政府官员或议会议员时,他们所提出的政策或多或少都会有布鲁金斯学会的影子。

6. 传播方式:生动性、时效性

布鲁金斯学会非常重视对智库研究成果的传播。对于有着浓厚"出书文化"的布鲁金斯学会而言,图书出版仍是其重要传播途径,学会在图书出版模式上进行了创新,积极向数字产品转型,学会2016 年年报显示,这家智库在过去一年内在布鲁金斯出版社出版了37 本图书,其中 4 本为以数字形式重新出版的对当前时事仍具有社会影响力的开创性的经典著作(*Brookings Classics*)。

在传统之外,这家智库也在新的生态环境中积极探索有效的传播方式。利用现代通信技术,借助多种媒体平台传播研究成果。

2013 年 6 月,布鲁金斯学会仿照《纽约时报》的"雪崩"(*snowfall*)传播模式①,在自己网站上创立了 *TBE*(*The Brookings Essay*)平台,用于探讨重要的公共政策议题。每个议题都是由 6000 字左右的文章配以动图、实时视频以及可视化数据等组成。平台推出后,学会网页的停留时间提高了 125%,其中 72% 为首次访问者。2016 年,学会启用了新网站(*Brookings.edu*),进一步使用数字工具传播学会研究工作。

在布鲁金斯学会,有几十名专业工作人员与学者们一道工作,他们的任务就是通过博客、推特等形式将研究成果进行"二次加工",让政府、媒体、大众都能看明白。布鲁金斯学会强烈倡议研究人员通过使用博客传播一些关键研究成果。学会的主要研究成员都会根据

---

① 2012 年 12 月 20 日,《纽约时报》上线了一个全新形式的数字化专题报道 *Snow Fall*(《雪崩》)。一周内创造了 350 万的点击量和 290 万的访客,其中,有接近三分之一的人是首次访问纽约时报的网站。

自己的研究领域及课题,撰写字数为500—800字的博客。同时,学会积极鼓励学者成为社交网络及各种媒体平台的活跃用户。这样学者能够针对实时新闻及当前趋势,及时做出评论。而这些具有高时效性的博客也可以让公众对智库的长篇作品产生更多的兴趣。目前,布鲁金斯学会的推特粉丝数已经超过178000人,*Facebook* 粉丝数也超过了165000人。

7. 国际化智库的全球视野

在做访问学者期间,笔者在不到半年时间,就接到了布鲁金斯学会的两次邀请,参加了中国海归研究与中国人才研究的两场研讨会,并发表了主题演讲。布鲁金斯学会对中国人才和海归研究的重视,使笔者亲身体会到,一个真正国际化智库所拥有的全球视野。

布鲁金斯学会的研究领域覆盖了全球80多个国家和地区,学会尤其重视对中国的研究,专门设置了独立的中国研究机构——约翰·桑顿中国中心(*John L. Thornton China Center*),该中心对于美国政府对华政策的影响力是难以用数字来衡量的。事实上,克林顿、布什和奥巴马三任美国总统的首席亚洲顾问李侃如(*Ken Lieberthal*)、韦德宁(*Dennis Wilder*)和杰弗里·贝德(*Jeffery Bader*)都是中心的研究人员。2014年,该中心迎来了首位华裔主任——李成。此外,布鲁金斯还在2006年与清华大学合作建立了布鲁金斯—清华中心(*Brookings-Tsinghua Center*)。

历经百年岁月后,今天,布鲁金斯学会仍在继续演绎着自己的精彩,在全球顶级智库排名中,常年稳居榜首,其中很重要的一点原因就是这家智库在坚守"质量、独立性、影响力"的核心价值理念的同时,始终坚持与时俱进,他们在大数据运用方面、在跨学科研究探索方面、在传播方式的创新方面都遥遥领先,我想,这就是这家"百年老店"历久弥新的真正原因吧。

C

新经济智库的艰辛探索：长城企业战略研究所

长城企业战略研究所成立于 1993 年,是在 1992 年邓小平南方谈话,知识分子下海的大背景下应运而生的。20 多年的发展,长城企业战略研究所始终围绕科技与经济、科技与文化创新展开智库实践,在智库建设、决策咨询和公共政策研究等方面做出了独特探索和贡献,凝聚了具有自身特色的核心能力,在新经济领域和科技创新领域表现出强大的思想影响力。

截至 2016 年 12 月,长城所拥有一支 300 余人的智库研究队伍,先后成立了宁波、武汉、广州、天津、成都、济南 6 个业务中心,依托宁波、武汉、济南业务中心成立了宁波新经济产业研究院、武汉光谷创新发展研究院、济南高新战略研究院,与中国科学技术发展战略研究院共建了中国—东盟政策研究中心。作为新经济专业智库,长城所坚守的三个核心价值是:独立、科学和责任,强调智库应该靠思想市场来养活自己。

1.瞄准新经济问题前沿

（1）新技术革命的探索

1994 年,长城所与北京市新技术产业开发试验区（中关村国家自主创新示范区前身）发展战略研究中心共同承担"北京市新技术产业开发试验区及其高科技企业二次创业战略研究"软科学研究课题;1995 年,长城所承担国家科委软科学计划项目"高技术大公司战略"研究和国家科委火炬办软科学计划项目"促进高新技术企业现代化、规模化发展对策研究"。上述研究实践活动,使长城所成为中国最早一批进行高新技术革命研究和探索的智库。

（2）知识经济与知识管理探索

早在 1998 年，长城所就积极开展"中关村知识型企业调研"，在中国率先提出了"中关村已经出现了基于网络形态的知识经济的萌芽"论断，并于 1998 年 3 月在《科技日报》发表了"知识经济与中关村"长篇理论文章。1999 年和 2003 年，长城所先后召开"知识经济与中国""知识管理理论与实践"两次学术讨论会，陆续出版了《知识管理——竞争力之源》《知识管理的 *IT* 实现—朴素的知识管理》等一系列知识经济与知识管理书籍。一系列文章、专著的发表和出版，为中国后来知识经济的繁荣提供了理论指导。

（3）社交化新趋势探索

2008 年开始，长城所通过对硅谷的研究和在国内高新区的实践，总结出创新创业生态的基本规律和特征，提出了创新生态"物种—群落—运行"理论，指出创新创业生态具备的四大特征："新产业引领—产业原创、创业试错—众创空间、跨界融合—互联网+、爆发式增长—独角兽"，为中国创新创业生态打造提供了理论指导。同时，基于大量的企业案例研究和理论探索，长城所总结出瞪羚企业、独角兽企业、新经济企业组织新生态等企业成长理论。

2. 全国领先的决策咨询品牌

（1）高新区决策咨询全国第一品牌

经过 20 多年的发展，长城所已发展成为中国高新区决策咨询第一品牌。在国家层面，从 2006 年开始，长城所连续承担科技部《国家高新区"十一五"发展规划》《国家高新区"十二五"发展规划》和《国家高新区"十三五"发展规划》纲要的编制工作，为中国高新区（园区）的崛起贡献了自己的力量。在区域层面，在全国 14 个国家自主创新示范区中，长城所为包括北京中关村国家自主创新示范区、武汉

东湖国家自主创新示范区、天津国家自主创新示范区、沈大国家自主创新示范区等在内的 11 个国家自主创新示范区提供规划服务。在园区层面,在全国 156 个国家级高新区中,长城所为包括上海张江、深圳高新区等在内 80 多个国家高新区和众多省级高新区提供服务,完成了百余项高新区和科技园区的规划编制。

（2）为爆发式成长和创新创业提供决策支撑

20 多年来,长城所持续开展瞪羚企业和独角兽企业研究,为科技部火炬中心编写了《全国瞪羚企业发展报告》,在中关村、武汉、宁波、天津、惠州、大庆等地开展瞪羚企业培育计划。连续两年发布了《中关村独角兽榜单》和中国独角兽企业发展报告。此外,长城所以持续多年的科技服务业研究积淀,支撑了国务院《关于加快科技服务业发展的若干意见》等政策出台。为国务院出台"众创空间"政策提供了多项政策服务工作,承担了《关于支持众创空间发展的重大问题调研报告》等政策文件的起草。2014 年,长城所编写《中国与以色列科技创新合作年度报告》,作为提交给刘延东副总理的参考资料。另外,还持续多年为科技部、广西科技厅、云南科技厅等中央和地方政府部门与东盟开展合作提供有力支撑。

（3）为智库知识管理（IT）提供一流技术支撑

长城所是中国最早一批开展知识管理信息化探索的智库机构。2001 年,长城所完成基于 *Lotus* 的 *KMP* 平台开发。2002 年,长城所完成北京市人民政府专家顾问团知识管理系统开发。此外,长城所还先后完成了北京市科委知识管理系统、天津泰达政策研究室知识管理系统、浙江大学园林设计院知识管理系统、中关村科技园区信息资源管理等多个知识管理系统的开发建设,形成了成熟的知识管理体系,具备了自主知识产权知识管理平台开发能力。

3. 原创的智库方法论体系

(1)"三观"决策咨询方法

"三观"即企业微观、产业中观和区域宏观。长城所认为做企业研究要对产业中观和经济宏观有更多的了解;做产业研究要对企业微观和宏观经济有更多了解;做区域研究要对企业微观商业模式和产业的变革规律有更多了解。新经济研究,只有打通了"三观",才能涌现创新的思想。

(2)新经济研究三方法

①新经济机会论。在新经济时代,抓机会正在成为发展的核心要素,这要求必须把握住从 *SWOT*① 到 *OSTW*② 的时代新特征。②企业非线性成长论。新经济时代,企业成长表现出非线性发展特征,具有"创业企业—瞪羚企业—独角兽企业—龙企业"四类跃迁式成长阶段。③创新生态论。创新创业生态一旦越过"奇点",就会呈现爆发式增长。

(3)创新驱动"三方法"

创新驱动"三方法"即 80/20/4 法则、东方头脑风暴法和长板理论。实现创意,必须从抓重点的 20% 到抓关键的 4%;要通过融合东、西方思维优势,激发创造性的思维;新经济条件下,长板决定企业及一个区域的核心竞争力,决定其能够整合资源的数量。

(4)洞见理论

自 2013 年以来,长城所开展了新一轮的智库方法论研究,大胆提出"洞见是智库的核心能力"论断,认为"洞见力"是新经济时代创新者最重要能力,并发布了《洞见:战略能力的新要求》研究报告。

---

① 按照优势、劣势、机会、威胁先后顺序进行分析的研究方法。
② 按照机会、优势、威胁、劣势先后顺序进行分析的研究方法,把抓机会作为核心。

4. 未来发展布局

（1）国际化与"一带一路"

国际化是智库发展的重要内容，也是智库发挥作用的重要平台。中国的"一带一路"建设，和平是价值输出；模式是改革开放经验，重在软实力；产能合作是互惠。长城所致力于通过科技园区合作，推广中国成功经验，促进合作国家和平发展。致力于通过和平学研究，广泛开展和平文化培训，积极传播中国和平理念与和平发展模式。

（2）原创新兴产业探索

围绕平台经济、共享经济和智能经济等新经济领域，开展原创新兴产业研究和探索，致力于为中国打造新的创新创业高地服务。基于对创新创业生态的持续研究，为打造具有世界影响力的科技创新中心提供决策咨询服务。基于对企业成长规律的探索，为中国瞪羚企业和独角兽企业成长提供服务。

（3）智库的平台化发展

新经济的跨界融合引领智库跨界融合，这也是智库自身特色所在。新一轮新经济发展大潮中，长城所致力于平台化引领，为中国新经济智库创新发展开辟道路。以"研究院+实验室+俱乐部+大数据"为支点，实现"区域—产业—企业"三位一体。通过前端研发、中端精品、后端传播，实现影响力提升，引领新经济。

F

为民众提供政治培训：弗里德里希·艾伯特基金会

1925 年，遵循首任德国魏玛共和国总统弗里德里希·艾伯特去世后留下的政治遗嘱，德国建立了历史上第一个政治基金会——弗里德里希·艾伯特基金会(*The Friedrich Ebert Foundation*)。基金会通过全民教育、研究和国际合作,致力于促进社会政治和经济的发展。

1. 国际化:布局、传播与合作

国际化是全球顶尖智库的共同特征。截至 2015 年,弗里德里希·艾伯特基金会的研究所分布于全球十多个国家和地区,办事机构则遍布全球上百个城市。作为一家德国智库,想真正实现国际化,还需要使用国际通用的语言进行研究成果的传播,艾伯特基金会目前正在规划创办一个英语在线杂志,以便进一步扩大智库的国际影响力。

在全球化过程中,基金会特别重视同当地机构的合作。以中国为例,早在改革开放初期,基金会就与中国有过合作。1979 年,中国的媒体专家们曾远赴德国参加艾伯特基金会举办的培训项目。1984 年邓小平和德国前总理维利·勃兰特曾在基金会的各方协调下进行历史性会见。这次会见的一个重要成果就是建立中国共产党与德国社会民主党之间的两党对话机制。这个杰出的对话机制也是艾伯特基金会在中国工作的核心。[①] 如今,艾伯特基金会专门设立中国主页和中文网站,并与中华全国总工会、中国国际交流协会、中国人权发展基金会等进行合作研究。

2. 创新形式吸引人才

人才储备是智库发展的基础,弗里德里希·艾伯特基金会在人才吸引方面也有创新办法。这家智库不但通过全球办事机构广泛吸纳人才,而且设立了专门的学术基金(*Friedrich-Ebert-Stiftung*

---

① http://www.fes-china.org/zh/fes-china-105.html 艾伯特基金会中国办公室。

Academic Foundation），资助在社会民主研究方面造诣颇深，但经济上存在困难的青年学者。截至 2015 年，基金会已资助国内外学生近三千人①。除经济上的资助，基金会还为这些青年学者提供了参加研讨会、国际会议和其他学术活动的机会。

3. 为民众提供政治培训

全民教育是艾伯特基金会一直以来所倡导的，不同于其他智库以政府官员为培训对象，基金会独树一帜地通过为普通民众提供政治培训来发挥自己的影响力。通过开展政治培训，增强民众参与国家政治活动、工会活动和民主活动的能力，提高公民在社会问题讨论和政策制定方面的话语权。这种全民教育形式大大提高了智库的民间知名度。

4. 成果发布更专业，更生动

为了保证研究成果的"形神兼备"，弗里德里希·艾伯特基金会在内容发布方式上不断创新。针对政策制定者无暇阅读"长篇大论"的特点，基金会开发了短小精悍的新产品；为增强研究成果的可读性，基金会对智库员工进行了专业的报刊编辑培训；基金会积极应用各种新技术和传播手段，除了常见的网站发布、推特、*Facebook*，还使用了 *YouTube*、*Vimeo* 等更多可视化资源进行传播和推广。

5. 丰富的研究积淀

丰富的图书馆藏可以为研究人员提供雄厚而独特的研究基础。艾伯特基金会图书馆创建于 1969 年，目前是德国最大的工会以及国际工人运动方面的社会图书馆。图书馆现有约百万册图书及期刊，

---

① https://translate.google.com/translate? hl = zh - CN&sl = de&u = https://www.fes.de/&prev = search.

7.5 万个微缩文件,9 万个电子资源①。作为一家历史悠久的研究机构,艾伯特基金会还十分注意编集自己的研究成果。基金会将全球各地研究所的成果、当前或历史研究项目按时间编集,这些研究成果经过多年积淀,成为珍贵的研究参考。

弗里德里希·艾伯特基金会是德国历史最悠久的政治基金会。德国政治基金会的产生与德国近代以来民主政治建设的经验和教训有关。历经了国家民主政治的曲折历史和惨痛教训后,德国意识到,民主政治教育和广泛的政治参与在现代国家建设过程非常重要。这也是艾伯特基金会将公众作为政治教育的对象以及影响政策制定的重要目标群体的重要原因。② 基金会通过国际化布局、传播与合作,依靠丰富的研究积淀、创新的人才吸引与培养、专业又生动的研究成果传播,从一家德国智库发展为具有国际影响力的国际智库。

G

为全球化的印度建立合作伙伴:观察家研究基金会

20 世纪 80 年代末 90 年代初,印度正处在一个由国内经济保护向全球经济体系融入的时期,印度政府与学界均意识到,在这样一个特殊时期,非常需要一个独立的政策研究平台,借以准确定位国家问题,并迅速作出反应。1990 年,观察家研究基金会(*Observer Research Foundation* , *ORF*)应运而生,这是一家半官方性质的学术研究机构。它以"为全球化的印度建立合作伙伴"作为自己的使命,设立了战略与安全、政治与管理、经济与发展等多个研究所,多由退休官员及退

---

① http://library.fes.de/english/ueberuns_en.html.
② 袁峰:《政治基金会:德国政府与政党的公共智库》,《学习时报》2012 年 11 月。

役的军队高官负责。

观察家研究基金会现任主席苏廷德拉·古尔格勒尼（*Sudheendra Kulkarni*），是印度著名社会活动家、前总理瓦杰帕伊撰稿人、印度人民党全国理事会成员，长期活跃于印度政坛与媒体。*ORF* 在印度政府经济改革、国家战略与安全事务等方面有较大影响力。基金会与印度外交部联合举办的"瑞辛纳对话"（*Raisina Dialogue*），被称为"印度版香格里拉对话"，是印度主要的地缘政治会议。

1. 打通不同研究中心之间的"墙"

20 世纪 90 年代，观察家基金会成立伊始，主要关注国内经济改革问题，时至今日，基金会的研究边界已扩展到气候与资源、网络与媒体、全球治理、国家安全以及政策研究和政治改革等诸多方面。基金会发现，随着研究范围的扩大，研究议题越来越复杂，比如气候变化的挑战既与环境关系密切，也与安全和可持续发展有莫大关系。如何应对这些复杂的议题呢？基金会的领导层做了一个大胆的决定：打通不同研究中心之间的"墙"。于是，国际关系中心、安全研究中心……这些传统的组织形式纷纷消失，取而代之的是有共同研究兴趣的专家们的一个个相对松散的组合，这种新型组织结构可以保证跨学科的研究专家们一起应对智库日益扩展的研究议题。

2. 鼓励质疑的声音

"学起于思，思源于疑。"可以说，没有质疑就没有创新。观察家研究基金会充分意识到了这一点，他们欢迎来自各方的质疑，不论这种声音是来自国内还是国外，也不论这种声音是来自哪个民族。基金会认为，作为一家设立在拥有 10 多亿人口国家的智库，鼓励质疑可以集思广益，促进创新思想的诞生。这种鼓励质疑的做法，也吸引了来自全球的青年学者,为基金会提出创新思想提供了土壤。

3. 搭建国际合作网络

观察家研究基金会积极搭建着国际合作网络,比如他们与中国社会科学院在气候变化上的合作,与中国外交学院在政治经济治理方面的合作,与复旦大学在创新与企业家精神等领域的合作。在这些国际合作中,ORF 采取了灵活的合作方式,最常用的一种是"项目合作"方式,即通过找到合作双方的利益共同点,对合作双方政策的细微差别进行研究。还有一种"谅解备忘录"可以在现有共同利益基础上促进长期合作。①

4. 善用新型传播媒介

根据 2016 年 2 月宾夕法尼亚大学发布的"2015 年世界智库排行榜",观察家研究基金会在"智库管理""社交网络运用""网络运用""媒体运用"等智库排行榜上均名列前茅。基金会紧紧抓住互联网时代的脉搏,将研究成果以数字化形式呈现,从而第一时间送达读者手中,比如 2015 年 ORF 就与全球政策杂志(*Global Policy Journal*)联合推出了 *CP ORF* 系列电了书。

思想的创新是智库最重要的创新,印度观察家研究基金会鼓励质疑,为创新思想的发芽准备了肥沃的土壤。这家印度智库通过采取灵活多变的合作方式,搭建起国际性合作网络,通过与媒体保持密切联系,利用新型传播媒介等方式,将研究成果在国内外进行广泛传播。随着印度的发展及与世界的融合,印度的国际地位在不断崛起,政府决策者需要将国家观点与全球情况整合起来,这也是观察家研究基金会研究的努力方向。

---

① 《印度观察家研究基金会:评估他国政策促成新研究》,《中国社会科学报》2013年 12 月 20 日第 539 期。

构筑独特人才网络：意大利国际政治研究所

国际政治研究所（*Institute for International Political Studies*, *ISPI*）是由一群来自米兰当地大学的青年学者创立于 1934 年，至今已有 80 余年历史。研究所通过分析国际体系中政治、经济的发展趋势，为意大利参、众两院以及外交部等提供政策建议文件。研究所的另一项重要活动就是受意大利外交部委托，牵头筹办意德、意法、意俄等论坛活动。从 2013 年开始，国际政治研究所代表意大利出席二十国智库峰会（*T*20），成为 *G*20 领导人峰会的重要智力支持。

1. 创新媒体传播

意大利国际政治研究所在媒体传播战略上坚持"两条腿"走路。

传统媒体上，研究所坚持走"高端"路线，比如与意大利最大的电视网——意大利广播电视公司（*RAI*），与意大利历史悠久、发行量最大的全国性日报之一的《晚邮报》（*Corrieredella Sera*）等传统知名媒体开展了一系列的合作。当媒体提供的前沿技术、更为广泛的受众群与智库提供的高质量研究成果相遇后，迅速碰撞出双赢的火花。

新媒体方面，研究所通过高度定制化的 *Facebook* 和 *Twitter* 工具对社交媒体用户进行分类，对新老受众（包括利基受众）重新定位，从而做到有的放矢。网站也是研究所充分利用的一大法宝，智库通过发布研究所电子出版物，实时更新国际政治热点问题信息，吸引了不少目光。

2. 公众舆情监测

IPSOS MORI 属于世界顶级的市场调研公司，国际政治研究所与其合作开展了"意大利公众对外交事务观点的舆情监测"，比如在 2016 年美国总统大选开始前的几个小时，就曾对意大利民众关于美国大选

进行过一次民意调查。通过这种合作,研究所可以定期监测到意大利公众对外交事务的观点,以及这些观点的趋势演变。这些调查结果被应用到 *ISPI* 的观点与分析中去,并被传播到更广泛的受众群。

3. 鼓励跨学科合作研究

国际政治研究所鼓励来自政商各界,历史、法律、战略研究等各领域的专家共同讨论学术问题。跨学科研究的开展有利于项目研究的纵向拓展,使研究成果更加丰满有深度,提高了研究成果的质量。

研究所乐于与其他研究或教育机构开展合作研究,目前的合作伙伴有:伦敦皇家国际事务研究所(*the Royal Institute of International Affairs in London*)、上海国际问题研究所(*the Shanghai Institute for International Studies*)、荷兰国际关系研究所(*the Netherlands Institute of International Relations*)等。这种广泛的合作研究有利于实现研究资源的共享。

4. 构筑独特人才网络

国际政治研究所每年都会开设研究生课程,为那些想要从事外交工作,或想要在国际政治经济领域开展研究的个人提供学习机会,并借此构筑起独特的人才网络。不同于一般意义上的普通大学研究生课程,*ISPI* 会在课程的最后阶段,要求学生去那些需要帮助的国家,用学到的专业知识为当地提供发展和人道主义援助,同时,学生还需要根据当地情况,搜集资料,制订项目计划,并在毕业前上交给相关 *NGO*,这些项目中的佼佼者有机会成为现实。在毕业后,研究所还会为学生提供到国际组织实习的机会。

国际政治研究所构筑的这种人才网络,不但为智库提供了未来的人才储备,也间接影响到意大利的外交政策。如意大利前驻美大使、现任外交大臣 *Giulio Terzi di Sant' Agata*、意大利驻南非大使

Matteo Menzone、意大利驻泰国大使 *Michelangelo Pipan* 都曾是研究所的优秀毕业学员。

独特的研究定位：国际治理创新中心

国际治理创新中心（*Center for International Governance Innovation*，*CIGI*）成立于 2001 年，创始人是 *RIM*（享誉世界的黑莓智能手机的研发商）公司联合首席执行官 *Jim Balsillie*。这家加拿大智库专注于寻找创新方法以解决全球治理中出现的新问题。中心目前主要有三个研究方向，分别为全球经济、全球安全与政治以及国际法。2015 至 2016 年，中心发布了专著、论文、政策简报等在内的 133 项研究成果，比如，*Enter the Dragon：China in the International Financial System* 一书，从北美、欧洲与中国 15 位作者的视角聚焦国际金融体系中的中国。2016 年，中心举办或参与的学术活动约 200 场，涵盖全球近三十个国家，共有超过七千位决策者、商界领袖和学者参加。

1. 独特的研究定位

如果想在某家智库的员工或者合伙人中，找到一位国际律师，也许并不是一件难事，不过，如果想找到一家专门研究国际法律，并将其应用到全球治理中的智库，也许并不容易。国际治理创新中心看到了这一点，于是设立了国际法律研究项目（ILRP），未来十年，中心还将拿出 6000 万美元的资金支持这个项目，促进国际法律研究能力的提升，以应对紧迫的国际治理问题。

2. 构建数字 DNA

毫无疑问，智库的生存首先需要有研究成果的支撑，然而，"酒香也怕巷子深"，成果出来后如何进行有效的宣传，如何培养目标受众，对智库的生存与发展，同样重要。CIGI 的做法是"构建智库的数字 DNA"。

（1）数字 DNA 的构造

Facebook、Twitter……这些层出不穷的社交工具，已成为现代智库武装自己的重要"武器"。采用迎合时代需求的传播形式与工具固然重要，但每一件"武器"的功能如何，应该如何使用，以及何时使用，这些对智库同样重要。CIGI 认为，可测量性、说服力、清晰的目标、提高声誉的机会……这些因素都应该成为智库选择"武器"时的重要参考标准。

（2）吸纳专业数字媒体人才

2015 年，泰勒·欧文（Taylor Owen）加入国际治理创新中心理事会，欧文是一位从事数字媒体研究的专家，同时也是一名教授数字媒体知识的教师，还是 *Open Canada* 的主编。欧文在数字媒体领域所拥有的丰富理论知识与实践经验，将成为智库数字 DNA 成功构建的重要保证。

（3）鼓励参与而非简单点击

CIGI 认为，"鼓励参与而非简单点击"应是智库研究成果推广的目标。根据智库 2016 年年报显示，中心官网的访客量大约 60 万，网页浏览量超过百万次，出版物下载量超过 2.7 万次。①

3. 独立、专业的项目评估

CIGI 专门成立了一个独立的项目评估公司，对智库的主要活动进行定期评估。以 G20② 为例，CIGI 是 G20 智囊顾问团队中的重要成员，对 G20 峰会有着重要影响力。2001 年至 2007 年间，中心对 G20 峰会理论框架的形成作出了突出贡献，2008 年峰会付诸实践后，中心

---

① https://www.cigionline.org/sites/default/files/documents/AR2016_CIGI_Interactive.pdf.
② G20 又称"二十国集团"，是一个涵盖了全球主要发达国家和发展中国家的国际经济合作论坛。

利用先发优势,积极参与基于"G20"的"T20"智库峰会,使自己有机会影响"G20"峰会日程的制定。为了更好发挥对 G20 峰会的影响力,项目评估公司会对 CIGI 在 G20 相关活动中的成果进行评估。

4.组织制度的改革

为使智库管理更加高效,2015 年国际治理创新中心在组织制度上进行了相应的改革。最突出的改革举措为,将负责金融与战略计划制订的执行理事会(Operating Board)与负责研究咨询的国际管理委员会(International Board of Governors)相结合,形成新的统一理事会。此举使智库的管理工作可以更加集中有效地进行,实现了资源共享,从而促进智库的运营质量。

5.资金来源的多元与透明

多元化的资金渠道,是智库研究不受资金来源左右的重要保证。国际治理创新中心有来自加拿大政府、滑铁卢市政府等 7 位固定核心资助者,也有来自其他国家的非固定合作者,如 2015 年,就收到了来自国际发展研究中心(International Development Research Center)、麦克阿瑟基金会(MacArthur Foundation)、谷歌、Ivey 基金会等 40 个机构的支持。在保持多元化资金渠道的同时,中心的资金来源还保持着透明,从 2014 年开始,国际治理创新中心就在资金透明度方面被美国的"透明化"(Transparify)组织评为五星[①],中心通过公开资金来源,很好地提升了智库的公信力。

唯实求真,守正出新:国务院发展研究中心

改革开放之初,国务院经济研究中心成立,为新中国的决策科学

---

① Transparify 致力于在全球层面上为世界顶级智库的财政透明度进行评级,详见 http://www.transparify.org/,其中五星是最高级别。

化与民主化进程写下重要一笔。近 40 年过去,在经济研究中心等基础上成立的国务院发展研究中心已成为我国政府的核心智囊。中心以服务中央决策为发展方向,对国民经济、社会发展以及改革开放过程中出现的重大问题进行研究,对国家重大方案与政策进行第三方评估和解读,为党和国家建言献策。

1. 清晰的发展定位

作为近距离接触决策层的政府智库,国研中心对自身发展的定位是"国务院在经济社会发展方面的重要智囊,为中央决策提供直接服务的核心智库"。自成立以来,国研中心不仅积极参与制定国民经济和社会发展五年计划和长期规划,改革开放各阶段重大政策与决策的过程中也可以看到它的作用。2013 年,国研中心还专门印发了《建设"一流智库"五年规划纲要(2013—2017)》,明确了五年内的智库发展目标和重点任务。

国务院发展研究中心目前正在积极探索中国特色新型智库建设,已将实施"政策研究与决策支持创新工程"提上日程,并将推进"研究提质计划、人才创优计划、国际拓展计划、保障升级计划"四大计划。研究中心将拓展政策研究领域,在现有基础上形成 20 个左右具有重要政策影响力的领域;提升社会智库资源整合能力,搭建各方面、各领域智库共同参与的政策咨询网络;设立国际咨询委员会和国内专家咨询委员会;建立严格的成果质量管理制度;实施创新岗位制度;加强对外传播和国际话语体系建设;建立国际发展知识中心;建设国家政策研究信息库。[①]

PART 3 全球智库创新借鉴

---

① 王斯敏:《国务院发展研究中心积极建设国家高端智库》,《光明日报》2015 年 7 月 12 日。

2. 探索与提升"二轨外交"

2014 年,国务院发展研究中心与西班牙国际关系和可持续发展中心(CIRSD)等共同成立了"丝路国际论坛",成为共商共建"一带一路"国家沟通的高端交流合作平台。2015 年,"丝路国际论坛2015年会"上,来自 27 个国家的 40 多家智库发起成立了"丝路国际智库网络",搭建各国交流平台,凝聚智库力量,消除分歧,服务一带一路建设。

3. 中国发展高层论坛

中国发展高层论坛由国务院发展研究中心创办于 2000 年,是中国政府高层与中外学者、商界领袖以及国际组织等重要的对话平台。2017 年,论坛将以"中国与世界:经济转型和结构改革"为主题,围绕深化供给侧结构性改革、人民币国际化与汇率稳定、经济全球化、生态文明建设、创新驱动等一系列重大议题进行探讨。[①] 中国发展高层论坛是每年"两会"后首个国家级大型国际论坛,在推动中外发展政策交流与国际合作的同时,也很好地提升了研究中心的知名度与影响力。

4. 不唯上,不唯书,只唯实的研究作风

"唯实求真,守正出新"这八个字很好地概括了国务院发展研究中心的工作和研究作风。国研中心的研究团队在研究过程中,秉持"不唯上,不唯书,只唯实"的研究原则,坚持研究真情况、真问题,以一丝不苟的研究态度"求真"。研究问题是为了解决问题,国研中心在研究过程中注重结合中国国情,把握中央和国家的大政方针,在"守正"的基础上"出新",提出新观点、新思想,为国家建言献策。

---

① http://cdf.cdrf.org.cn/guide.jhtml? source＝m&locale＝zh_CN.

搭建学术与政策的桥梁：广东国际战略研究院

2008年金融危机席卷全球，广东作为经贸大省，也深受冲击，迫切需要一批能够广泛参与全球合作与竞争的新型智库，为政府决策和经济社会发展提供智力支持。在这种背景下，广东国际战略研究院（以下简称GIIS）应运而生。GIIS成立于2009年11月，是一家依托于广东外语外贸大学（以下简称广外）科研与教学资源的独立研究咨询机构。研究院主要聚焦于全球经济治理、"一带一路"、中国周边研究、全球价值链等课题。现为"一带一路"智库合作联盟理事单位、外交部政策研究重点合作单位、中国—东盟思想库网络广东基地、广东省软科学重点研究基地。

1. 智政精准对接

GIIS成立以来，完成各项政策咨询研究报告百余份，多次获得领导批示，GIIS的政策报告有独特的产出流程，从选题到质量控制到上报，有效保证了智政的精准对接。

需求导向的选题。GIIS十分强调政策报告的需求导向，报告选题来自理事会、政府部门形势分析会、"旋转门"等机制中知悉的政府需求。

质量的严格把控。研究院对政策报告质量的把控十分严格，一份政策报告要经过主笔人负责撰写、多轮小组讨论和院内表决才能最终送出。报告力求简明精练，字数严格控制在5000字以内；强调时效性，写作周期一般不超过一个月。

便利的建言渠道。政校合办性质以及"旋转门"机制使得GIIS在政策报告的递送反馈方面具有先天优势，研究院每个月递送2份报告到广东省委省政府；研究院还计划通过外交部和商务部的渠道，每年递送约10份报告到中央政府。

2. "旋转门"机制

作为外交部指定的华南地区唯一一个重点合作单位与干部培训基地,GIIS 每年接收 1 名参赞以上干部进入研究院担任访问研究员。"旋转门"干部全年在研究院办公,沟通外交部政策需求,组织与外交部的联合调研等。同时,研究院每年选派人员赴外交部一线工作,深入了解外交部的运作和需求,形成了政府与智库之间"交互协作式"的立体沟通、交流和共享机制,推动了政策研究需求和供给的对接,使决策咨询意见得到及时的评估、反馈和运用,有效提高研究工作的针对性和实效性。

3. 明晰的研究定位

基于广东省的地理位置以及广外多学科优势,GIIS 以国家 21 世纪海上丝绸之路战略为牵引,明确以全球经济治理、中国周边战略以及全球价值链三大研究领域作为主攻方向,开展前瞻性、针对性、储备性政策研究,形成独特的综合研判和战略谋划能力。

4. 外部关系网络的支持

GIIS 实行理事会领导下的院长负责制。理事会每年定期召开,主要沟通省委省政府的政策需求,为研究院定选题方向。主要管理人员来自广东省委省政府和广外。这种组织结构为智库提供了政府与高校双重网络支持。政府层面,广东省委省政府为 GIIS 的建设提供了关键的政策支持和充足的资源,包括资金、信息资源和额外编制,有效调动了政府和高校的相关部门单位,打通了需求信息沟通渠道,推动了政策研究需求和供给的对接;高校层面,广外在现行高校管理制度下为 GIIS 提供了制度灵活性,如相对灵活的职称评定和晋升机制,以及编制、场地、资金和校内资源整合等支持。

H

欧洲独立智库的标志：皇家国际事务研究所

一战给世界带来了严重的创伤，为建立一个安全、公正、繁荣的世界，1919 年巴黎和会期间，来自英国的莱昂内尔·柯蒂斯倡导成立一个外交事务研究所来研究国际问题以防止未来的战争。该倡议得到了英美参会代表的一致认可。1920 年，按照巴黎和会设想，美国和英国分别在本国设立了相应的研究机构——美国在纽约成立了外交关系委员会，英国在伦敦成立了国际问题研究所——即英国皇家国际事务研究所的前身。1923 年，研究所获得 R.W.伦纳德上校的捐赠，搬入位于圣詹姆斯广场 10 号的查塔姆大厦。该建筑曾是威廉·皮特、爱德华·斯坦利、威廉格·拉德斯通三位英国前首相的住所。因此，皇家国际事务研究所又被称为查塔姆研究所。

20 世纪前半叶至 70、80 年代，以皇家国际事务研究所等为代表的一批智库为英国经济与社会的发展提供了重要的智力资本。研究所每年开展各类学术活动 300 多场，邀请各国领导人和世界顶尖学者进行演讲。2014 年 6 月 18 日，皇家国际事务研究所与国际战略研究所联合举办活动，邀请李克强总理发表了题为"共建包容发展的美好世界"的演讲，其影响力可见一斑。如今，这所即将迎来百年诞辰的智库，依然孜孜不倦，不断进行着新的尝试。

1. 国际事务领导力培训

人才培养是智库的重要功能之一。英国皇家国际事务研究所凭借享誉世界的知名度，吸引了全球精英的目光。2013 年，研究所启动了人才培育计划，举办为期 12 个月的国际事务领导力培训，并于 2014

93

年11月创办了女王伊丽莎白二世学院,为来自世界各地的精英提供学习机会。这个项目对研究所影响颇为深远,它吸引了世界各地的研究者齐聚伦敦,不同文化背景、不同工作经历的青年精英一起学习交流,培养了一大批国际事务方面的领导人才,同时,也扩展了智库的人才储备,搭建起智库未来的人脉网络,并将智库的观点向全球广泛传播。

2. "数字优先"战略

皇家国际事务研究所图书馆是英国收集国际事务资料历史最悠久的机构之一,馆藏涵盖20世纪20年代至今国际关系、国际经济与国际安全等方面的书籍、核心期刊及电子资源。在"数字战略"的指导下,研究所与Gale①合作将近百年的馆藏资源数字化,建立起庞大的电子资源库。庞大的数字化图书馆藏不但为研究人员提供了雄厚而独特的研究基础,也吸引了众多研究机构及专家学者的目光。2015年,研究所进一步扩大了在"数字优先"战略上的投资,全面升级研究所的数据管理系统和数据库。

3. 查塔姆规则激发出更多创新思想

"如果一个会议,或会议的一部分,是按照查塔姆研究所规则进行的,则与会者可自由使用在会议中获得的信息,但不得透露发言者及其他与会者的身份与所属机构。"这就是著名的"查塔姆规则"(Chatham House Rule)。查塔姆研究所组织的所有学术活动都严格遵循该原则,任何违反该原则的活动参与者都会受到惩罚,比如禁止参加以后研究所开展的任何活动。"查塔姆规则"鼓励了自由讨论,参与者可以不需再顾忌个人的真实身份,大家都可以畅所欲言,这种宽松自由的环境下,不同的观点可以充分碰撞与激荡,更多新思想、新观点不断迸发。

---

① 一个帮助图书馆数字化的组织:http://www.gale.com。

4. 创造政策影响力

皇家国际事务研究所的主要研究领域集中于国际关系方面，涵盖国际法与治理、跨大西洋关系、难民危机、资源能源、国际安全、大国关系等12大类。研究所非常注意与议会议员保持良好关系。比如研究所定期为议会议员提供有关英国及其他地区有关国际问题的研究成果，还通过议会简报会（Parliamentary Briefings）为智库专家与议会议员搭建对话平台，这种与决策层面对面的交流，在传播研究观点的同时，充分了解议员的态度与观点，做到了知己知彼，为智库发挥政策影响力打下了基础。

5. 强大的"朋友圈"

为了保证智库的研究不受资金来源左右，皇家国际事务研究所建立了多元的资金来源渠道。政府及国际组织资金、私人基金会、企业与个人会员费、活动和会议费、慈善捐助、出版物收入分别占比23%、19%、17%、10%、5%、3%。为保持研究的独立性，查塔姆社一般不会接受单个公司对研究的资助。目前有超过150家来自世界各地的组织通过赞助经费支持其研究活动，有360家企业会员和3400多名个人会员为其提供会员费。这些都保证了查塔姆社可以自由选择研究课题，不受制于任何组织和个人。

英国皇家国际事务研究所经过近百年发展，凭借享誉世界的知名度，吸引了各国精英纷至沓来，在人才培养方面不断探索创新，通过创办伊丽莎白二世学院，为来自各国政府、私营部门、媒体以及民间组织的精英提供国际事务领导力培训；其强大的"朋友圈"则为智库的研究不受资源来源左右提供了基本保障；与时俱进的研究话题、"数字优先"的发展战略、不断激发的创新思想……都是研究所成为欧洲乃至世界顶尖智库的支撑。

K

全球化视角:卡内基国际和平基金会

1910 年 11 月 25 日是安德鲁·卡内基(Andrew Carnegie)75 岁的生日,这一天,这位尽人皆知的钢铁大王宣布了人生最大的单笔捐助——捐出一千万美元建立世界上第一个致力于研究和平问题和推广国际事务公众教育的机构——卡内基国际和平基金会(Carnegie Endowment for International Peace)。

"运用这笔基金促进消灭国际战争这一我们文明最肮脏的污点",这是卡内基对董事会成员的基本要求。发展至今 100 余年,基金会研究成果众多且影响深远,比如 22 卷的《国际法经典著作》、150 卷的《世界大战经济与社会史》,均被认为是世界性的权威学术成果。基金会曾经发行的《外交政策》(*Foreign Policy*)杂志①,是国际政治经济领域最有影响力的期刊之一,读者遍布 150 多个国家。

1. 成为第一个全球性智库

卡内基国际和平基金会认为,单一存在于某一国家必然会限制其视野,在当今世界中,智库的使命既然是要贡献于全球安全、稳定与繁荣,就需要保持跨国的存在与跨国的视角。② 于是,早在两次世界大战期间,基金会就曾在巴黎设立欧洲中心。20 世纪 90 年代初,随着苏联的分崩离析,世界格局骤变,基金会在莫斯科成立研究中心,促进美国、俄罗斯以及其他原苏联国家的专家一起就俄罗斯及原

---

① 由于刊物投入等原因,2008 年,卡内基和平基金会将《外交政策》杂志出售给《华盛顿邮报》公司。

② 李轶海等:《国际著名智库研究》,上海社会科学院出版社 2010 年版。

苏联加盟共和国的经济改革、军民关系等重要政策问题开展研究。进入 21 世纪,为应对全球化带来的一系列挑战,基金会加快了自己的全球化步伐,先后开辟了中国中心、中东中心、欧洲中心,并于 2007 年提出了"成为第一个全球性智库"的发展愿景。2016 年春,基金会的第六个国际研究中心落户印度新德里。基金会六个海外研究中心的专家大多来自当地,这就很好地避免了基金会仅从"华盛顿"视角看问题。在近年的伊朗核问题上,来自北京、布鲁塞尔、莫斯科、特拉维夫和华盛顿的学者们提供了多样化视角;自乌克兰危机以来,来自基辅、莫斯科、华盛顿和布鲁塞尔的专家提供了多样的观点,进而分析冲突的根源并提出外交策略化解冲突;对于阿拉伯世界出现的前所未有的动荡,基金会在中东地区的学者深刻分析引起革命、改革和镇压的各种因素。[①]

2. 全球青年人才投资

卡内基国际和平基金会通过全球平台对未来一代人才进行投资,通过对优秀青年学者的培养,扩展研究网络与人脉资源。"青年学者项目"(Junior Fellows Program)就是其中的旗舰项目。每年基金会都会从 400 个合作学校的学生中挑选 10 至 12 位优秀毕业生,为他们提供前往卡内基担任助理研究员的机会。这个项目的著名校友有克林顿的高级顾问乔治·斯特凡诺普洛斯(George Stephanopoulos)、奥巴马的高级顾问布莱恩·迪斯(Brian Deese)以及美国驻联合国大使萨曼莎·鲍威尔(Samantha Power)等。

卡内基—清华大学全球政策中心的"青年大使计划",为中国青年精英提供了与卡内基学者、美国及全球的青年领袖产生交集的机会。卡内基—贝鲁特研究中心则致力于为该地区编织一张由年轻阿

---

① 栾瑞英:《卡内基国际和平基金会的运行机制与发展动态》,《智库理论与实践》2016 年 6 月。

拉伯学者组成的研究与人脉网络。卡内基—印度中心也在寻找积极进取的年轻人才,为他们提供研究机会。

3. 搭建高层对话平台

卡内基国际和平基金会、威尔逊中心和其他智库成为关键地点,让人们可以聚集起来并倾听对当下实践和政策最优秀的分析。[1] 卡内基国际和平基金会凭借着广泛的影响力,为各国领导人、商业领袖及学术专家搭建起交流对话的平台,形成强有力的舆论氛围。比如20 世纪 80 年中期,卡内基国际和平基金会曾召集南非各界人士,进行了南非政治转型期间的首次对话。2015 年,在国际核政策会议(2015 Carnegie International Nuclear Policy Conference)上,卡内基召集了包括美国能源部部长 Ernest Moniz,巴基斯坦战略计划部前主任 Khalid Kidwai,美国空军部部长 Deborah Lee James 以及原子能机构总干事 Yukiya Amano[2] 等重量级人物在内的世界 40 多个国家与国际组织的八百多位政商学界领袖共聚一堂,为国际核政策"出谋划策"。特朗普当选美国总统后,这家智库发起了"卡内基全球对话"项目,邀请了卡内基全球中心的学者和研究人员进行交流,研究人员从不同地区的角度谈特朗普的当选会带来什么影响,比如:印度的学者介绍特朗普当选对于美国和印度的关系有什么影响;欧洲的学者介绍特朗普当选后对跨大西洋以及欧洲和美国之间的影响,以及对于北约组织意味着什么。

回顾卡内基国际和平基金会百年历史,我们看到,这家智库没有墨守成规,而是顺应时代变化,与时俱进,不断创新。通过对全球青年人才投资,不断拓展智库的资源与人脉;通过搭建高层对话平台,

---

① Andrew D.Selee。

② http://carnegieendowment. org/about/annualreport/2015/carnegie - endowment - 2015-annual-report.pdf。

形成强有力的舆论氛围;通过持续关注美国和国际事务方面的前沿动向,以全球化的视野提出解决方案,最终从一家美国的研究机构转型为一家可以应对全球挑战的全球性智库。

L

智力支持欧盟政策:里斯本委员会

里斯本委员会(The Lisbon Council)成立于 2003 年,总部位于比利时首都布鲁塞尔。这家号称"为 21 世纪而生的智库"正积极研究 21 世纪为经济、社会带来的各种挑战,他们关注欧洲的经济竞争力与社会革新,希望通过研究,为欧洲的企业与公众提供思想成果,令欧洲成为最有竞争力与活力的经济体。

1.尽你所能和最优秀的人一起工作

"尽你所能和最优秀的人一起工作",这是里斯本委员会的工作原则。长久以来,委员会很好地贯彻了这一原则,他们会为每个项目寻找最好的人才,这为里斯本委员会的研究人员创造了与世界上最杰出的人才一起工作的宝贵机会。比如 2010 年,里斯本委员会任命阿历桑德罗·雷普(Alessandro Leipold)担任首席经济学家。雷普在国际经济、国际金融等方面具有突出造诣,曾在国际货币基金组织担任欧盟部主任,也是重要经济期刊的撰稿人。这些杰出的人才还包括,"欧洲动态"①出版人与创始者 Christophe Leclercq、麦肯锡全球研究所荣誉董事 William W.Lewis、经济合作与发展组织负责人 Andreas Schleicher、白宫经济顾问委员会前主席 Martin Baily 等。

---

① 一个独立的欧盟媒体平台,专注于发布有关欧盟政策制定的电子出版物。ht-tp://www.euractiv.com。

2. 真正的创新从思维开始

什么是真正的创新？里斯本委员会给出的答案是:思维创新。

（1）打破"争论不休"，合作寻求问题答案

当研究中出现分歧甚至意见相左时,喋喋不休的争吵时常发生,大多时候,这种争吵对解决问题本身并无裨益。里斯本委员会打破了这种"争论不休"的惯常思维方式,转而采用了合作寻求问题答案的创新工作方式。他们会将问题的关注点落在"谁能解决问题""怎样协作解决问题"等方面,并由此带来了一种充满活力的讨论,这样的讨论有助于为研究带来新的方向。

（2）从未来回溯到现在

里斯本委员会非常关心未来:明天的挑战是什么？ 如何定义它们？从未来的优势出发,回溯到现在,应该如何采取行动？ 这种思考方式颇为有效,它可以让优秀的思想相互碰撞后,产生深刻而有趣的反思。

3. 智力支持欧盟政策

作为一家专注于欧洲问题研究的智库,里斯本委员会一直保持与欧盟之间的紧密合作关系。依托自身的智力基础为欧盟政策的开展建言献策,间接影响欧洲发展。比如 2008 年全球金融危机后,里斯本委员会的一个研究重点就是欧洲如何摆脱这场危机。2010 年,当欧盟提出有关改善经济走出危机的"欧洲 2020"（Europe 2020）战略时,里斯本委员会已经进行了两年的相关研究,自然成为该战略的重要智力支持。这家智库发表了多篇文章,对"欧洲 2020"的重要性①以及如何推动"欧洲 2020"战略②等进行了阐述,并发布了"欧洲

---

① http://www.lisboncouncil.net/component/publication/publication/59-ifnotnowthen-when.html.

② http://www.lisboncouncil.net/component/publication/publication/56-wikinomics-and-the-era-of-openness-european-innovation-at-a-crossroads.html.

2020"行动计划①。

4. 紧跟时代的创新倡议

里斯本委员会研究发现,通过共同数字化市场可以推动欧洲生产力发展,增加就业,弥合欧洲国家之间的发展差距,鼓励新兴企业的发展,实现欧洲进一步的融合。也正是基于此,近年来,里斯本委员会的重点工作就是推动实现"欧洲数字共同市场"(the Digital Single Market)。委员会专门于2015年成立了欧洲数字论坛(the European Digital Forum),举办了大量的学术活动,比如关于"进军工业4.0时代和数字共同市场:数字技术如何缩小欧洲各国生产率差距"的高层圆桌会议。通过这些活动,全球杰出企业家、决策者、创业者汇聚一堂,共同讨论这一倡议,此举使该倡议得到欧洲各界领导人更广泛的支持,如欧盟委员会副主席安德鲁斯·安西普(Andrus Ansip)在参会时就表示,"创建'数字共同市场'是共同的目标,希望在他接下去的4年半任期中,欧盟与欧洲数字论坛能有更紧密且有意义的合作,期待里斯本委员会的智力支持"。

5. 传播方式:创新与严谨

里斯本委员会发现,如果想扩大受众群体,就需要跟上时代步伐,采用符合现代人"口味"的传播方式,所以他们经常会使用推特、YouTube这类新工具。不过,这家智库主要使用的还是比较"老套"的传播方式比如以政策简报等出版物的形式,在里斯本委员会眼中,这种传统的传播方式更具有严谨性与精确性。

---

① http://www.lisboncouncil.net/component/publication/publication/65-an-action-plan-for-europe-2020-strategic-advice-for-the-post-crisis-world.html.

M

多样性与包容性:德国马歇尔基金会

二战后,在"马歇尔计划"的推动下,西德及整个西欧经济逐步复苏,为表示感谢,当时的联邦德国政府于 1972 年捐助创立了(美国)德国马歇尔基金会(The German Marshall Fund of the United States,GMF)。基金会的宗旨是"推广美国和欧洲(跨大西洋)的了解与合作"。GMF 总部设在美国华盛顿,在柏林、巴黎、布鲁塞尔、安卡拉和贝尔格莱德设有分支机构。

冷战结束以来,基金会的研究视点开始扩展到中国、俄罗斯、印度等大国及亚太、中东等冲突热点地区,密切关注反恐、防扩散、北约东扩、非传统安全等重要领域。目前,基金会共有研究与非研究员 130 人左右。[①]

1. 多样性与包容性

GMF 本着马歇尔计划的精神,关注美国和欧洲的关系,主张就地区、国家和全球层次的挑战和机遇,加强跨大西洋合作。在这样的背景下,作为"智库多样性联盟"(Think Tank Diversity Consortium)的成员之一,多样性和包容性,是基金会一直所倡导的。

基金会致力于创造包容又多样的工作环境。在这样的工作环境中,每位研究员或工作人员的观点都会得到充分的尊重。同时,基金会乐于承担多样又富有深度的研究任务。跨学科、跨地区的研究任务有助于培养研究员的全球视野。

[①]　http://www.gmfus.org/listings/staff.

基金会在布鲁塞尔设立了女性思想和领导力网络,旨在保证女性专家对政策讨论及决策过程的最大发言权。

基金会的领导力发展项目,一直延续着多样性的传统:联系不同的项目参与者或受众,不论他们的年龄、性别、国籍、民族、宗教信仰、政治派别……

基金会的招聘、任用与晋升同样体现了多样性。基金会欢迎来自不同背景、不同文化的学者,即使该学者的某些观点与基金会格格不入。只要有想法、有能力即可留用,没有固定老套的升职模式,正是得益于这种"不拘一格降人才"的人才管理原则,全世界优秀的青年学者纷纷投入基金会的怀抱,开启了自己的研究事业。

各层面的多元性要求使得德国马歇尔基金会越来越包容的同时,在国际研究的道路上越走越宽。

2. 数字化传播策略

除了政策简报、记者会等传统传播手段,GMF 更多关注了数字化交流。项目人员更多地使用社交媒体,使用视频、移动数据传播等方式展示研究成果。为了广泛传播智库的在线政策简报,GMF 采用了信息图的方式,透过图像的力量让枯燥生硬的数据变得富有感染力,让读者可以轻松的理解与记忆。

3. 高端论坛

高端论坛是基金会扩大影响力的重要途径,其中"布鲁塞尔论坛"(Brussels Forum)和"大西洋对话"(Atlantic Dialogues)是基金会的两大品牌活动。

"布鲁塞尔论坛"是 GMF 举办的年度高层论坛,汇聚了来自欧美政界、经济界、学界的领袖,论坛为大西洋两岸领袖相聚一堂,一起探讨大西洋地区面临的共同挑战提供了机会。

"大西洋对话"在德国马歇尔基金会的筹办下,每年会在摩洛哥如期举行。300多位来自大西洋湾沿岸国家的政商领袖以及知名媒体都会应邀参加,讨论内容议题广泛,涵盖从安全到经济,从移民到能源等多个领域。

基金会与瑞典外交部合办的"斯德哥尔摩中国论坛"也颇具影响力。2016年1月,第16届"斯德哥尔摩中国论坛"在斯德哥尔摩"船屋"会议中心举行,瑞典议长阿林、外长瓦尔斯特伦等政要以及来自中国社科院、欧洲与美国的外交关系与国际问题研究机构的专家就中国对外关系、中东局势、全球治理、气候变化等议题展开了研讨。

4. 人才蓄水池

为了读懂政府语言,理清决策者思维,GMF充分利用政府伙伴关系这一优势,将欧美政府职员招致麾下。GMF为研究人员提供了在职培训,创立了未来研究人员的"人才池"。这些未来的决策者、分析师不仅为基金会的研究工作贡献力量,同时是基金会与各国政府交流与建立合作关系的桥梁。

多样性、包容性,是德国马歇尔基金会一直所倡导的理念,这种理念也是智库可以不断产生新思想的主要原因。随着高端论坛、数字化传播媒介等方式将研究成果广泛传播,智库的影响力不断扩大,当然这一切的取得,都离不开GMF强大的人才蓄水池的支撑。

思想创新重塑政策:美国进步中心

美国进步中心(Center for American Progress,CAP),最早被称作美国进步政策研究所,是美国民主党领导委员会的政策机构,成立于1989年,曾被公认为克林顿的私人智囊团。2008年,CAP辅佐奥巴马团队赢得总统大选,深得总统赏识,对奥巴马政府的内外决策产生着重要的影响。如2010年墨西哥湾漏油事件发生后,奥巴马总统就采取了美国进步中心提供的解决方案。奥巴马政府时期的一些重要政策,如伊拉克撤军、实行全民医保等政策中都有美国进步中心的影子。

1. 思想创新重塑政策

（1）处方药定价问题

处方药价格的飞速上涨已经成为美国医疗领域一个公开的秘密,中产阶级的口袋也因此变扁。针对这个问题,美国进步中心发布了一份详尽的报告,提出了更透明的研发费用、按照实际效果将新药分类,以及利用奖励机制来鼓励制药公司收取合理费用等多项药物定价改革建议。

（2）中低收入家庭的儿童保育费用

在美国,儿童保育费用的增长,正困扰着中低收入家庭。研究发现,贫困家庭在看病方面的花费,已经超出他们总收入的三分之一。美国进步中心建议,对这些家庭,政府实行每年400亿美金的课税减免。这项建议被《华盛顿邮报》独家报道,同时得到了《声音》(*VOX*)、《赫分顿邮报》和《新共和杂志》(*The New Republic*)的摘录。

（3）呼吁教师队伍专业化

雄厚的师资对于在校学生的成功至关重要。美国进步中心呼吁,教师队伍应像医生与工程师一样实现专业化。为了让"教师专业化、现代化问题"成为日后教育政策领域的首要话题,美国进步中心与40多个有影响力的教育政策研究组织开展了一系列的合作。

2. 合作推动新思想

社会影响债券(Social Impact Bonds),是为社会服务供给资金的创新方法。简单来说,即对于某种社会服务,政府明确规定需要达到

的效果,然后交给外部机构具体操作,如果外部机构失败了,政府不需要支付任何费用。社会影响债券目前在英国得到应用,比如伦敦附近的彼得伯勒(Peterborough)监狱就是第一个采用社会影响债券的案例。2010年,美国进步中心启动了一个名为"做有效果的事情"(Doing What Works)的政府改革项目,致力于提高政府的效率。在项目过程中,美国进步中心第一次接触到社会影响债券(Social Impact Bonds)的概念,在项目报告《攀登新高峰》中,中心首次向美国政府推荐使用社会影响债券。

为了成功将英国的这一创新思想引入美国,美国进步中心充分发挥了合作的力量。洛克菲勒基金会(Rockefeller Foundation)、美国社会金融(Social Finance US)、非营利金融基金(Nonprofit Finance Fund)、全球最大咨询公司麦肯锡公司等都成为美国进步中心的合作伙伴。

3. 多样化的沟通战略

奇普·希思(Chip Heath)与丹·希思(Dan Heath)在《创意黏力学》一书中写道:"在某个话题上知识丰富的人有时会认为,其他人也具备同样的知识,而这可能导致巨大错误。"这种"知识的诅咒"要求智库根据受众特点采取多样化的沟通战略。美国进步中心通常在发表"长篇大论"后,再推出一个内容类似的短文,比如2012年,中心以法律合同形式撰写长文介绍社会影响债券协议模板,随后又以千字短文刊登于《纽约时报》上。相同的内容不同的传播形式,很好地覆盖了受众群体。

为了提高智库的政策影响力,美国进步中心还调整了社交媒体策略,采用了多平台推广模式。比如他们开通了官方Instagram,将其作为主要发布平台,近期特别关注了难民工作和避难所的建设进度;建立了Tumblr平台,专注于那些年轻的,具有LGBT(男同、女同、双性恋、跨性别恋)倾向的人,倡议非歧视原则;还推出了"进步思维"(Think Progress)博客,配合智库官方博客发布中心的研究成果。截至 2015 年 9 月,"进步思维"已跻身美国最受欢迎政治类博客前五。

4. 实习项目扩大人才储备

美国进步中心每年都会提供大量全职或兼职的实习机会,从本科到博士,任何对公共政策或政治传播学感兴趣的优秀学生都可申请参加。2016 年秋季实习生项目中,美国进步中心共提供了近 30 个实习项目。① 这些实习生在与知名专家的接触中,迅速成长,成为智库乃至整个国家的储备人才。多年的实习生项目的开展为智库树立了良好的形象,进一步增强了智库对青年人才的吸引力。

美国进步中心成立时间不长,是个相对年轻的智库,但却对美国政府,特别是克林顿和奥巴马政府影响深刻。究其原因,重视思想创新、重视沟通战略、重视人才等起到了关键的作用。

探讨墨西哥在世界的角色:墨西哥对外关系委员会

墨西哥对外关系委员会(The Mexican Council on Foreign Relations,COMEXI)成立于 2001 年,专注于探讨墨西哥在国际政治中的角色。COMEXI 通过设立论坛,为墨西哥社会提供一个交流探讨的平台,与国际上同类组织建立了紧密合作关系,对国际关系领域进行深入的挖掘与探索,在墨西哥政策决策中发挥了重要作用。根据 2016 年 2 月,宾夕法尼亚大学发布的"2015 年全球智库调查报告",墨西哥对外关系委员会在墨西哥国内智库排行榜中位列榜首。②

---

① https://www.americanprogress.org/about/internships.

② James McGann (February 2016).*The Global Go To Think Tanks Report 2015*.p.56.

1. 议题工作组

2013 年,COMEXI 发起设立了议题"工作组",为探讨全球性议题提供了一个跨学科、独立的研究视角。工作组将两性平等、能源问题等全球性议题列为重要探讨对象,以墨西哥能源改革问题为例,COMEXI 的能源工作组就对全球能源革命及其在墨西哥的地缘政治、经济与社会发展中的影响提出了自己的思考,并在能源改革过程中扮演了主要角色。

2. 建立质量管理体系认证

2014 年,COMEXI 采用了依据国际标准化组织(ISO)原则建立的质量管理体系。伴随着组织再造,COMEXI 成为同类智库中第一个获得 ISO 9001:2008① 认证的智库,从而使其可以与国际上最成功的组织为伍,也为智库打开了一个更为广阔的未来,大大增加了他们获得筹款与捐助的机会。

3. 打造媒体生态系统

"Enfoque Noticias"是一个早间电台节目,过去几年中,COMEXI 的研究员一直是这个节目的"忠实参与者",他们通过电台传播自己对全球问题的看法。除了通过电台发声,COMEXI 还拥有一个精彩的网站,每天吸引着来自全球各地的重要访客;一个每周更新的博客,提供全球热点议题的专业信息;一个拥有数百用户订阅的 YouTube 频道;一个活跃的社交网络,其推特账号在整个墨西哥都首屈一指……COMEXI 打造了自己的媒体生态系统,为扩大智库的传

---

① ISO 9001:2008 标准根据世界上 170 个国家大约 100 万个通过 ISO 9001 认证的组织的 8 年实践,更清晰、明确地表达 ISO 9001:2000 的要求。ISO 9001 不仅是质量管理体系,也为总体管理体系设立了标准。它帮助各类组织通过客户满意度的改进、员工积极性的提升以及持续改进来获得成功。

播力与影响力奠定了基础。

除了大众传媒,公共论坛也是智库重要的传播方式,COMEXI 在组织公共论坛时,再次发挥了大众传媒的力量。比如,2015 年,为庆祝欧盟—墨西哥自由贸易协定签署十五周年,COMEXI 组织了一次高水平的公共论坛,并设计了特殊的传播策略:通过专门网站"欧盟—墨西哥自由贸易协定"(el Tratado de Libre Comercio México-Unión Europea,TLCUEM)、博客中心、采访,以及积极运用社交网络等方式,将 COMEXI 打造成平易近人又专注国际问题咨询的互联网平台,#TLCUEM15#亦成为当时墨西哥的热门推特话题。

4. 高瞻远瞩的智力投资

墨西哥对外关系委员会始终认为,国际关系的未来掌握在青年人手中,在这种思想的指导下,委员会设立了青年领导力项目,为国际关系专业的青年提供参加"G8""G20"青年峰会等国际会议的机会,使"COMEXI 青年人"可以亲历外交过程,积累国际治理的第一手经验。"青年项目"在为墨西哥培养未来领导人的同时,也大大扩充了 COMEXI 未来的人才储备,这种高瞻远瞩的智力投资成为其政策影响力的重要保证。

5. 构建全球网络

墨西哥对外关系委员会与来自美国、加拿大、印度、土耳其等国家的全球近 20 个国际关系研究机构有着广泛合作关系,这种全球网络确保了 COMEXI 在国际关系领域的影响力,更成为墨西哥拥有重大国际议题发言权的重要依托。比如早在 2003 年,墨西哥对外关系委员会曾与美国威尔逊国际学者中心开展"联合学者项目"(Joint Scholars' Program)。这个项目很好地推动了美墨关系的研究进程,促进了墨西哥与美国双边关系的发展。

墨西哥对外关系委员会在全球网络的构建上可谓不遗余力。"社会服务项目"就是一个很好的例子,这个项目为国际关系等专业的学生提供了难得的机会,他们可以通过参加国际会议等方式,与世界上有名的国际关系方面的学者"亲密接触"。这些学生可能来自不同的领域,商业、金融、人力资源、政治……无论他们来自哪里,都与 COMEXI 有了交集,从而成为智库全球网络上的一个个节点。

数据改变教育:麦可思研究院

麦可思研究院的成立可以追溯到 2006 年,麦可思专注高等教育,致力于用"数据改变教育",是中国第一家提供高等教育管理数据与解决方案的第三方数据机构。

1. 用数据说话

在我国官方统计数据并没有完全公开的情况下,实证和定量研究是中国教育行业研究的一大短板。麦可思每年都会跟踪 1/3 以上的毕业生,保证拥有充足的样本统计量,并在此基础上编写《中国大学生就业报告》蓝皮书,用数据"诠释"当年毕业生就业的新形势、新趋势和新问题。用数据说话,对教育进行实证和定量研究,进而用"数据改变教育",正是麦可思的初衷。

麦可思的教育大数据得到了业界的认可。目前,麦可思已与 600 多所大学建立了合作关系,为他们提供包括教学、招生、专业建设、教师发展、就业等在内的专业咨询服务。

2. 与媒体保持良好的关系

麦可思与媒体保持着良好的关系,双方在高等教育方面有着良好的合作。麦可思的"媒体圈"涉及互联网门户网站、传统的纸媒、电视媒体,几乎包罗了所有的传媒形式。麦可思与新浪、搜狐和腾讯在挂网调查上开展合作,调查内容包括:考生及家长的志愿及压力、大学新生入学、大学毕业生签约等。麦可思与中央电视台新闻频道和财经频道、北京卫视、凤凰卫视等电视媒体有着很好的合作沟通。麦可思与传统纸媒的合作,不仅涵盖主流媒体,如人民日报、新华社、中国教育报、中国青年报、人民政协报等,还包括各省的都市报。

3. 问卷调查方式"智能化"

科技改变生活,智能手机颠覆了青年人的生活方式,而青年人正是麦可思问卷调查的主要对象。因此,麦可思针对调查对象被智能手机"培养"出来的新习惯,调整了调查问卷的发放和作答方式。

智能手机碎片化了青年人的时间,麦可思就利用"调查对象最不在乎的时间段",让他们在智能手机上接受调查,大大地提高了调查问卷的作答速度和回收率。麦可思的数据回收和处理也实现了科技化,在调查对象作答的同时,分析数据的各种图表,柱状图、饼状图、曲线图等就能同步完成,节省了数据处理的时间,提高了回收问卷和数据处理的效率。

0

浓郁的泛欧特色:欧洲对外关系委员会

总部坐落于英国伦敦的欧洲对外关系委员会(European Council on Foreign Relations,ECFR)成立于2007年10月,是一家独立非营利性智库。ECFR抓住欧盟将自身定位为"规范性力量"的时代机遇,聚焦欧洲外交政策的研究,力图在变革的世界格局中打造一个强大而团结的欧洲。

1. 独特的定位:浓郁的"泛欧"特色

作为一家研究泛欧问题的智库,ECFR 聚焦于欧洲外交政策的研究,促进泛欧洲性的讨论。欧洲对外关系委员会的"泛欧"特色尤其体现在人员构成上,其中,泛欧理事会(pan-European Council)集结了整个欧洲的杰出研究者与政策实践家,目前共有成员两百多人,理事会每年举行一次会议,为 ECFR 研究团队提供政策方面的建议与反馈。2016 年理事会会议在海牙召开,200 多名外交部部长,前总理,国家议会和欧洲议会成员,欧盟委员,北约前秘书长,教授,记者和企业领导人参会,就欧洲难民潮的管理、英国全民投票在欧地位、北约和欧盟如何应对俄罗斯威胁、欧盟在叙利亚的利益、欧洲和土耳其之间的战略伙伴关系、欧洲在利比亚的作用以及欧洲对美国总统选举的反应等问题进行探讨。理事会中超过半数具有官方背景的成员结构,是欧洲对外关系委员会得天独厚的优势。ECFR 还拥有一支 30 多人的专家团队,成员也均来自欧洲,这些专家有着深厚的学术功底与科研能力,精通多种语言,擅长不同领域,这些都是 ECFR 取得今天成就的关键所在。

2. 独特的组织结构

在欧洲,一个成功的智库必须是"欧洲的",而不应具有某种强烈的国家认同或国家形象。① ECFR 最重要的实体机构是其遍布欧洲 7 个国家首都的办公室,包括柏林、伦敦、马德里、巴黎、罗马、索菲亚和华沙,这些办公室是 ECFR 的日常运营机构,承担着智库的主要研究项目,ECFR 认为,这种分布结构有助于整合欧洲不同国家的多样化视角,从而准确反映欧洲复杂的政治与决策现实。ECFR 的核心创新在于使用远程合作等技术手段,将分散在各国的办公网络进

① 詹姆斯·麦甘、安娜·威登、吉莉恩·拉弗蒂:《智库的力量》,社会科学文献出版社 2016 年版。

行整合,从而产生富有价值的研究成果。

3. 多元的成果发布渠道

在 ECFR 的理事会成员中,现任或前任政府高官占据了半壁江山,在他们强大的社会影响力与知名度下,法国的《世界报》《解放报》、英国的《金融时报》《经济学人》《卫报》、德国的《明镜周刊》、比利时的《欧盟观察家报》、美国的《纽约时报》《华尔街日报》等全球知名媒体都抛来了"橄榄枝",委员会通过与知名媒体的深度合作,很好地提高了自身的社会传播力与影响力。

研究成果的传播上,ECFR 在充分利用了论坛、研讨会、出版物等传统传播渠道的基础上,还善于利用新媒体,比如在推特、脸书、谷歌、YouTube、soundcloud、scribd、RSS、领英等网站开设账号,以英语、法语、德语、西班牙语以及意大利语等五种语言进行广泛传播。对互联网技术的娴熟掌握与高效运用,助力 ECFR 研究成果及智库品牌被广泛关注。

4. 不断升级的"评分卡"

"欧盟外交政策评分卡"(European Foreign Policy Scorecard),是 ECFR 的一项重要创新。"评分卡"可以为 ECFR 分析欧盟各国的外交政策以及评价欧盟整体外交政策提供参考。ECFR 会邀请各成员国的专家,对欧盟各国的外交政策进行打分评级,评分因素包括团结性、资源流动性、政策效果等 80 个方面,最后评级结果会以年度报告的形式对外公布。

"评分卡"目前已得到欧盟各国的普遍关注,成为各国评估欧盟对外政策的重要参考资料,某方面评级不高的国家开始感到忧虑,比如荷兰和斯洛伐克,就曾在国会议会中探讨过这个问题。针对某些突发、紧急议题,比如关于英国退出欧盟的问题,ECFR 还在评分卡

的基础上设计了"闪电评分卡"用于评估。"评分卡"项目引发了欧盟的强烈反响,吸引了《金融时报》(The Financial Times)、CNN、《经济学人》(The Economist)等世界知名媒体的关注,大大提高了委员会的知名度与影响力。

5."人才旋转门"

基辛格、赖斯、伯南克……一个个名字如雷贯耳,他们有一个共同点就是都成功实现了政府官员与智库研究者之间的身份转换。这种"人才旋转门"模式为美国智库旋转出了分量与影响力,不过,"人才旋转门"在欧洲却并不常见。

不同于欧洲大部分智库,受美国启发,ECFR 认为,恰当利用"人才旋转门"模式,完全可以实现政府与智库的双赢,所以欧洲对外关系委员会鼓励政策研究员到政府任职,并在任期结束后回到 ECFR 工作。仔细观察后,不难发现欧洲对外行动署(European External Action Service,EEAS)、保加利亚外交部、摩尔多瓦首相办公室、欧洲理事会和委员会、唐宁街 10 号等都有 ECFR 研究人员的身影。ECFR 相信,无论这些研究人员任期结束后是否返回智库工作,都将成为智库的一笔宝贵财富与资源。

6.实习项目储备人才

ECFR 向整个欧洲的优秀人才投递橄榄枝,无论本科还是博士,只要是国际关系方向的学生,都可以申请 ECFR 的实习生项目。实习生不仅有机会与业内专家一同进行研究工作,也有机会独立开展研究项目,在实践中迅速成长。这些实习生中的佼佼者,也自然成为 ECFR 未来的人才储备。

作为首个真正泛欧性的智库,欧洲对外关系委员会(ECFR)的目标是"就以欧洲价值观为基础的连贯一致的欧洲外交政策发展进行研究,并促进泛欧性的争论"。ECFR 的组成和活动也具备明显的"泛欧"特征。值得一提的是,在"人才旋转门"并不常见的欧洲,ECFR 却恰当利用了这一模式,并取得了不错的效果。对于研究项目的不断创新也是 ECFR 影响力得以扩大的关键,比如"欧盟外交政策评分卡"就大大提升了智库的知名度与影响力。

Q

对全球商业与政治的未来思考:全球商业政策委员会

1991 年,国际管理咨询公司科尔尼设立了内部智库——全球商业政策委员会(Global Business Policy Council,GBPC),致力于帮助全球商业与政治领导人预测并规划未来。GBPC 通过定期发行刊物、提供战略咨询服务、高水平的全球会议等途径,针对影响全球商业与政策的趋势进行深入研究与分析。

为提升 GBPC 的视野与战略思维,2015 年秋季,科尔尼公司开展了一项名为"America@ 250"的项目[①]:"2026 年 7 月 4 日,美国将迎来 250 岁生日。到那一天,这个国家将变成什么样? 为塑造美国的未来,现在应该做什么?"无疑,这个项目希望引起政策制定者与公众对美国未来的思考。这个项目有哪些值得借鉴的创新之处呢?

1. 前瞻分析引发更多决策思考

GBPC 利用经济模型预测了美国从现在到 2026 年的 GDP 增速,其中最高年均增速为 3.4%,而最低仅为 1.4%。GBPC 分析认为未来美国可能出现以下四种情形:Twilight's Last Gleaming、Dawn's

---

① http://www.atkearney.com/america250.

Early Light、The Perilous Fight、So Gallantly Streaming。而"人口状况、公共政策、消费价值观及偏好、技术、自然资源和环境及全球局势"六种因素的变化是影响美国未来走向、塑造美国未来的关键。在"America@250"十年的时间跨度下，政策制定者可以暂时从烦琐的日常事务中解脱出来，从眼前的机遇与挑战中走出来，在更广阔的空间里对未来进行认真思考。

2. 合作共赢扩大影响力

为扩大"America@250"的影响范围，GBPC展开了与其他组织的合作，比如与布鲁金斯学会的合作中，他们倡议开展"城市中的先进创新制造业"研究。与新美国基金会的合作中，他们研究"对看护服务的大规模经济投入"所面对的挑战。他们同时也与私人企业合作。例如，在人口统计，以及市场相关的研究方面，就与尼尔森集团（NPD Group）合作进行一项关于"消费模型与不同世代偏好"的研究[①]。

3. 全方位、多角度的传播渠道

在"America@250"官方网站上，有一面"畅想2026"的信息墙，很多来自政界与商界的领袖们已经参与其中，比如泰森食品（Tyson Foods Inc.)董事长唐尼·史密斯（Donnie Smith）、可口可乐的董事长穆泰康·肯特（Muhtar Kent）、堪萨斯市市长斯莱·詹姆斯（Sly James）等。

GBPC还在《华尔街日报》上刊登了调查问卷，读者在完成调查后，就可以看到，他们的态度与行动会如何影响美国四个可能的未来。

社交媒体也被GBPC充分利用起来，保罗·劳迪奇纳主席亲自操刀，撰写福布斯杂志的专栏、定期更新"America@250"的推特、领

---

① 这项研究是第一次在公开场合，针对不同世代的消费人群，比较他们的消费态度与实际消费行为之间的不同。

英账号。

America@250 项目是科尔尼全球商业政策委员会近年来的一个重要创新,这个项目通过前瞻性分析引发了更多决策思考,通过合作、全方位、多角度的传播渠道等,很好地扩大了项目的影响力,也大大提高了智库的媒体曝光度。

R

为日本外交政策提供建设性构想:日本国际问题研究所

1959 年 12 月,在日本前首相吉田茂的强力推动下,日本国际问题研究所(The Japan Institute of International Affairs,JIIA)成立,吉田茂本人出任了研究所的第一任会长。JIIA 以促进国际问题的研究、知识普及、推动海外交流为目的,是一家无党派政策研究型智库,主要研究方向为外交事务和安全问题。随着近年来国际事务日趋复杂,该智库开始将关注点聚焦于学术研究与政策研究的整合、现代传播方式的运用以及未来人力资源的开发等方面。

1. 学术与政策研究间的平衡点

2014 年,JIIA 与日本经济研究中心(JCER)合作,发起了一项旨在加强美日对话与建立人脉的国际交流事业——美日富士山对话,定期邀请美国与日本现任及前任政府官员、有影响力的专家学者参与对话。与传统的"1 轨"①、"2 轨"②对话相比,这种"1.5 轨"③对话

---

① 指纯官方之间的对话。
② 一般指非官方的民间对话。
③ 由政府官员和民间人士(学者,各界代表)共同参与的、以讨论政策为主要目的的对话,参加的政府官员都以"私人身份"与会,不代表官方立场。

效果更为明显,可以从学术研究者、政策制定者等不同视角碰撞出更多火花。美日富士山对话是 JIIA 将学术与政策相结合,寻求二者平衡点的一次尝试。这其实是 JIIA 面对复杂的国内外形势,积极影响政府决策的典型表现。

2. 建立全球研究网络

日本国际问题研究所认为其最宝贵的财富之一就是在半个多世纪中发展起来的全球性研究网络。截至 2016 年,JIIA 与全球 100 多家智库建立了合作关系,其中,中国合作伙伴包括中国现代国际关系研究院、中国国际问题研究院、复旦大学国际问题研究院、上海国际问题研究院等。JIIA 还与联合国、经合组织(OECD)、世界银行等多个国际组织构建了合作关系网络。在全球化的今天,这种全球研究网络的建立,对于日本国际问题研究所意义重大。

3. 与决策者的"恰当"关系

作为日本国内排名第一的智库,在过去的 50 多年中,JIIA 与日本政府和各政党之间形成了紧密的联系。从人员构成来看,JIIA 的历任所长都是外务省的退职官员,研究项目上,主要接受外务省的研究委托,比如 2014 年公布的研究报告中,70% 来自外务省的项目委托研究。

其实早在 1960 年 9 月,JIIA 就被日本政府授权成为外交部附属基金会一员。三年后,日本政府为鼓励 JIIA 对于公众利益的特别贡献,对其给予税收优惠。在这种"紧密"联系的背后,JIIA 始终保持着非党派、中立的属性,所以,不论是执政党还是在野党都对其青睐有加。比如,日本国际问题研究所 2005 年撰写的《国际社会中中国的存在感》、2010 年的《中国外交问题分析研究会报告书》、2011 年的《日美中关系的中长期展望》等,均受到各方重视。

4.优化海外宣传

（1）以英文形式实现更广泛的海外传播

"AJISS 评论"是 JIIA 与日本另外两家知名智库国际政策研究所（IIPS）、和平与安全研究所（RIPS）联合推出的产品，每月出版两到三次，主要是日本官方、智库专家等关于国际关系方面的观点。目前发行期数已经超过 220 期。在日本国内颇有影响力，其中第 200 期的评论由日本首相安倍晋三亲自撰写。①

（2）与媒体打好交道

智库提出的观点能否为国内外普通大众所理解，又能引起他们多大的反响，此类问题很大程度上取决于媒体如何解读这些观点，以及如何传播这些观点。JIIA 认为，媒体在信息传播中作用巨大，所以他们希望可以"打好媒体这张牌"，通过与媒体认真沟通，从而增进了解。近五年来，JIIA 一直在开展一个"媒体外交项目"，以此促进东亚国家的媒体代表和日本同行之间的对话交流。

（3）"接地气"的外交与安全政策传播

在人人关心外交的今天，一个国家想要实施稳定的外交政策，增强地方政府与普通百姓对外交事务的知识是非常关键的。JIIA 早就意识到了这一点，其工作内容的一个重要方面就是向公众解释国家的外交政策。JIIA 举办了很多活动来提高公众对这些迫切问题的认识，比如他们通过一个三日两晚的会议，将日本和美国的青年研究人员汇集到一起，就日美关系等进行探讨。另一方面，JIIA 也有意识地向公众传播自身的外交政策研究成果，引发公众讨论，从源头上消除公众对外交政策产生误解与抵触的可能。

（4）增加海外人员到日交流机会

JIIA 相信，增加人们了解日本的机会，对智库观点的海外传播大

---

① http://www.iips.org/en/publications/2014/07/31163628.html.

有裨益。

JIIA 每年都会邀请同行、研究人员或学生来日本生活、从事研究，让他们更好了解日本，并更好地将研究所的观点传播到海外。2010 至 2015 年间，研究所共邀请和培养 36 名访问学者①，这些访问学者中，一部分来自智库现有合作网络，他们的到来可以进一步加深研究所之间的合作，还有一部分学者来自与 JIIA 甚至日本合作关系有限的地区，他们的到来有助于 JIIA 发展新的合作网络，拓展影响力范围。

日本国际问题研究所十分重视对外交流，始终保持与国际研究机构的合作关系，不断优化海外宣传，这是研究所在国际智库中具有较高知名度的重要原因。JIIA 虽然是一个相对独立的研究机构，但官方背景十分浓厚，其外交政策的建议对日本对外战略具有很大影响。

教育与研究相得益彰：热图利奥·瓦加斯基金会

20 世纪 30、40 年代，人力资源匮乏成为巴西经济发展的掣肘。1944 年，经时任总统热图利奥·瓦加斯（Getulio Vargas）批准，由巴西联邦政府内政部牵头并以总统名字命名的热图利奥·瓦加斯基金会（Fundação Getúlio Vargas，FGV）成立了，其初衷即为促进巴西教育，为政府与企业输送专业人才，拉美第一批行政管理人才就来自 FGV。

在 70 多年的发展历程中，FGV 由公立机构变为非营利性私立机构，在为巴西的公共部门与企业培养了大批人才的同时，还协助政府制订了诸如扶贫、减少外贸逆差等计划，成为巴西现代化进程的重要推动力量。

这家巴西最著名的智库，坚持研究与教育②并重，在新的世纪，

---

① http://www2.jiia.or.jp/en/cv/index.php? visiting_fellows-16.

② 截至 2016 年 11 月，FGV 开设课程分为四部分：本科教育、研究生教育、进修教育和短期教育，共有 23 门不同课程，以网校或课堂形式开展，每年吸纳学生 12 万多。

不断推陈出新,在伙伴关系发展、社会互动以及大数据技术应用方面进行了诸多开拓与创新。

1. 教育与研究相得益彰

为政府与企业培养人才,引领巴西经济社会发展是 FGV 的两大重要使命。基金会的教育与学术研究以经济社会的关键领域为圆心展开,比如在高校率先开设了公共管理、企业管理专业的从本科到博士课程;设计和推广使用国际收支统计方法,将原来只统计贸易平衡扩展到统计包括资本和服务项目在内的国际收支平衡①。

从 2010 年开始,FGV 的教育系统开发了高性能计算基础设施,引进了包括机器学习、系统仿真,大数据分析和自然语言处理等在内的复杂数学与计算方法。这套方法被 FGV 各大研究中心所采用,大大提高了研究部门的分析能力。

2. 多元思维的交流与碰撞

FGV 的研究系统包括巴西经济研究所、基础设施管理体制研究中心、公共政策分析中心等。以公共政策分析中心为例,该中心的团队成员背景多元化,涵盖社会学、政治学、经济学、公共管理、国际关系、统计学、数学、哲学、人类学、语言学等。FGV 的高校教育系统涵盖社会科学学院、圣保罗企业管理学院、巴西公共和企业管理学院、里约热内卢法学院、圣保罗法学院、圣保罗经济学院、应用数学学院以及经济学研究生院在内的八大高校。

研究中心与教育系统这种多元化的学科背景,可以为不同领域的专家从多元角度探索同一问题提供机会。比如基金会的社会科学学院、应用数学学院正与哥伦比亚大学开展的"计算和大数据时代

---

① 谢文泽:《巴西瓦加斯基金会研究、培训、教育"全面开花"》,《中国社会科学报》2016 年第 882 期。

历史"的联合项目,就想探索出新的路径,可以对美国国土安全局发布的高度敏感文件进行分类。

跨学科的合作研究是日益复杂的经济社会环境所迫切需要的,也成为很多智库的重要选择,如果能将这种合作研究的好处发挥到极致,无疑将成为智库的一大竞争优势。在 FGV,每周末都有一场管理层的头脑风暴会议,跨部门引见新的同事、介绍不同部门对重大项目的申请概率、不同部门的协作……常态化的管理成为不同部门了解与合作的持续推动力,也为基金会提出创新思想提供了土壤。

3. 编织全球合作网络

"在巴西大型公司中抽样 1000 家,就有四分之一的公司领导在基金会的通讯录中,大型公共和私人公司中每 10 位总经理,就有 7 位在基金会的通讯录中。"①FGV 不仅建立了贯穿整个巴西的伙伴关系网络,更与全球约 40 个国家的 160 多所高校、研究机构建立了长期合作,用创新的方法解决政策问题。这个庞大的合作网络中,既包括基金会总部与欧美发达国家智库、世界银行等国际组织之间的合作,也包括基金会下属大学与各国大学之间的合作。具体合作方式包括联合开发、长期咨询、联合研究、研讨会以及人员交流等。②

比如 2012 年,瓦加斯基金会就曾与中国社会科学院合作开展关于"拉美陷阱"的研究,从中巴两国视角分别阐述了"中等收入陷阱"的成因及跨越思路,合作完成《跨越"中等收入陷阱":巴西的经验教训》。

4. 利用社会互动创新政策传播

FGV 的公共政策分析中心(DAPP)的宗旨是提高政策透明度,

---

① [美]詹姆斯·麦甘、安娜·威登、吉莉恩·拉弗蒂:《智库的力量——公共政策研究机构如何促进社会发展》,王晓毅等译,社会科学文献出版社 2016 年版。
② 谢文泽:《巴西瓦加斯基金会研究、培训、教育"全面开花"》,《中国社会科学报》2016 年第 882 期。

增强政府与社会之间的对话,促进社会发展。DAPP 的关注点涵盖
"网络政治""预算透明""移民""公共安全""教育""公共卫生"等
诸多社会领域。不难看出,这些领域与巴西社会民生息息相关。打
开相关网页,你可以看到这些领域的研究成果或以视频,或以信息图
等形式,简单直观地出现在你面前。DAPP 还开发了多种实时监测
工具,比如"主题监测"(The Theme Monitor)工具为你展示了公众对
交通、健康、教育、安全、抗议、腐败等领域关注的热度,你可借助这些
工具预测出下一个公共政策讨论热点。

瓦加斯基金会坚持教育与研究并重,注重多元思维的交流与碰
撞,紧紧围绕巴西经济社会转型发展的关键领域开展研究,特别注重
国际合作,提升资源整合能力,在国际交流中做大做强。

S

保卫良好科学实践:生态研究所

生态研究所(Ecologic Institute)成立于 1995 年,总部位于德国柏
林,在比利时布鲁塞尔和美国华盛顿等地设有分支,是一家专门从事
跨学科环境问题研究的独立智库。作为欧洲议会环境司、欧洲环境局
和欧盟委员会的顾问机构,生态研究所经常协助制定能源、交通、城市
发展、农业和食品等方面的政策。在环境政策研究领域的国际影响力不
容小觑,据 2016 年 2 月宾夕法尼亚大学发布的"2015 世界智库报告",生
态研究所在"环境政策"研究这一类目排行榜中位列世界第 9。[1]

2015 年,研究所创始人 R. Andreas Kraemer 在带领智库走过 20
个年头后,将智库交付到新任 CEO Camilla Bausch 博士手中,与此同

———————————

[1]　James McGann (February 2016).*The Global Go To Think Tanks Report 2015*.p.85.

时,智库的创新与一系列内部改革也在轰轰烈烈地进行着。

1. 保卫良好科学实践

生态研究所成立以来,已经完成了几百个研究项目,合作伙伴多为世界知名高校与研究机构。研究所确立了"保卫良好科学实践"的方针,倡导学术自由,鼓励反馈,接受批评、异议或质疑。

为了保证研究的严谨性,提高研究质量,研究所设立了独立监察员制度。任何关于研究质量的投诉都可以直接提交给独立监察员,然后由其直接向所长与董事会汇报。这种机制使层级制度不会成为绊脚石,即使是对某些高级科学家或项目领导的投诉也能无障碍送达所长或董事会。

2. 更有效的传播:艺术的力量

对一般大众而言,生态研究可能是复杂又枯燥的,如何让这些研究成果得到有效传播,引起公众兴趣,甚至产生共鸣? 这正是生态研究所一直在探索的,他们发现艺术与研究结合可以产生巨大的能量。

(1)彼得·比尔德与野生动物犯罪

彼得·比尔德(Peter Beard),著名的美国摄影大师,曾长居非洲,用镜头记录下野生动物的生存与死亡。1965 年,他还出版了《游戏的终结》(*The End of the Game*)一书,比尔德在书中写道:"白人踏入非洲越深,生机消失越快,离开广袤的大草原和茂盛的雨林……从数不清的'战利品'——毛皮与猎物——中消失。"在生态研究所的欧洲研究项目"打击环境犯罪的欧盟行动"中,彼得·比尔德的艺术作品与科学分析完美结合,通过艺术将环境犯罪表现得淋漓尽致。

(2)用艺术与科学来展示北极

全球加剧变暖正在威胁着北极脆弱的生态系统。来自俄罗斯的诺贝尔和平奖得主奥列格·安尼西莫夫(Oleg Anisimov)曾警告称:

"有证据表明,在北极地区,温度上升的速率要远远高于其他地区,2050 年左右,北极将完全成为开阔的海洋,只有在北极点附近,才可能看到漂浮着的零星冰山。"①

一场由生态研究所与美国大西洋理事会合作举办的"北极气候变化展",因为融入了艺术家 Diane Burko 和 Mia Feuer 的作品而增色不少,吸引了从普通民众、艺术爱好者到科学家及政策制定者的目光。

(3)艺术竞赛:激发能源转换与艺术市场的新尝试

生态研究所新上任的科学与管理负责人 Camilla Bausch 博士发起了一项艺术竞赛,对以能源转换艺术为主题的作品给予奖励。竞赛吸引了 400 多位不同背景艺术家的参与,其中很多作品都是艺术家受主题启发的新作。竞赛评委会最后选取了 19 位艺术家的作品,并对 Romina Farkas、Markus Hoffmann 和 Roswitha Maul 三位艺术家进行了奖励。市场效应下,越来越多的艺术家开始从事能源议题的创作,越来越多的专家开始意识到艺术在观点传播中的力量。

3. 借力"数字时代"的东风

面对"数字化颠覆"的威胁,生态研究所正在努力寻找可以扩大自身影响力的新技术,"夏季北极学院""环境与能源政策新兴领导"这些都是生态研究所借力"数字时代"东风的杰作,实践证明,因特网、网站、社交媒体和其他数字时代的工具对于智库来说不是一种威胁,而是一种机遇。

(1)夏季北极学院

近五年来,每年 6—8 月份,20 位左右的青年研究者会参加虚拟的"夏季北极学院"(Arctic Summer College),这些研究人员有来自北极国家的,也有来自对北极研究感兴趣的非北极国家。整个

---

① http://tech.sina.com.cn/d/n/2015-03-03/doc-ichmifpx9225442.shtml.

夏天,这些研究人员将参加 8 到 10 场在线研讨会,每场研讨会都会有 2 位杰出专家进行专题演示,这种会议讨论互动的方式让参与者受益匪浅。

其实,夏季北极学院最初只是生态研究所的一个实验,研究所希望借此增强研究所内工作人员、访问学者在北极研究工作上的凝聚力。意想不到的是,这个实验的传播效果非常好,即使在第一年,就有很多外部研究人员想要加入。由于每年都会有新亮点,"夏季北极学院"吸引了更多的赞助,影响力不断扩大。

(2)一个虚拟的智库:"环境与能源政策新兴领导"(ELEEP)

"环境与能源政策新兴领导",是一个非常有名的 Facebook 小组,由生态研究所与大西洋理事会共同发起设立于 2011 年秋,其100 多位会员主要为来自北美与欧洲的,从事环境与能源工作的领导者。ELEEP 非常成功,它的互动频率要远高于同类规模的小组,评论与回复数量甚至超过了其 20 倍体量的小组。小组成员互相支持,形成了区域性与专题性小组,组织不同地区的会议、论坛、采访与游学,并为这些活动筹集资金。

2014 年,小组成员成功复制 ELEEP 模式,成立了北极气候变化新兴领导者(ACCEL)小组,虽然该项目目前仍处于孵化阶段,不过,我们似乎已经看到 ELEEP 模式的活力所在,就像一个成长中的细胞,通过裂变不断发展壮大。

4. 人力资源管理

对于教育程度高、具有国际视野和多元背景的人才,生态研究所为他们提供了灵活的时间与兼职的可能性,内部培训与参加国际前沿研究的机会以及直接接触国内外政策制定者的机会。研究所在人力资源管理方面非常有特色。

（1）招聘首选"旁观者"

生态研究所青睐掌握双语或多语言的人，以及有较长海外生活经历的员工，研究所认为，这样的员工具有国际化的视野，他们更能从外来者的角度观察一个国家，提供不同的思考视角与观点。

（2）"回飞镖计划"

生态研究所重视维护校友网，不仅有内推，还吸引员工返回机构，因为他们熟悉组织文化、工作模式，吸收这样的员工不但可以节约培训时间，更可以分享他们带来的经验、知识和关系网。

（3）青睐女性：语言能力与团队精神

生态研究所内的女性员工占工作人员的大多数，很多都处于领导层，这个现象的出现，与女性员工具有更强的语言能力、更好的团队适应性有很大关系，不过，研究所对女性群体并没有明显的政策倾斜。

作为一家环境研究领域的智库，生态研究所将研究与艺术相结合，充分发挥了艺术在研究成果传播中的力量，取得了良好的传播效果。同时，研究所紧紧抓住互联网时代的传播机遇，以新技术为传播手段，很好地扩展了智库的影响力。

环境政策领域领头羊：世界资源研究所

世界资源研究所（World Resources Institute，WRI），一家独立的非营利性环境政策智库，成立于1982年，总部设在美国华盛顿。研究所专注于寻求保护环境与改善民生的实际解决方案。根据2016年2月宾夕法尼亚大学发布的"2015世界智库报告"，WRI在"环境政策"研究这一类目排行榜中位列世界第一；在"能源与资源政策"研究类目排行榜中位列世界第三。[①]

2013年，自世界银行气候变化前特使安德鲁·斯蒂尔（Andrew

---

① James McGann（February 2016）.*The Global Go To Think Tanks Report 2015*.pp.85、83.

Steer）成为新任 CEO 以来，研究所开始了一系列革新。目前，WRI 将研究重点聚焦于未来十年的六大世界性挑战上，这些挑战包括食品问题、森林资源问题、水资源问题、能源问题、城市问题以及气候问题。

1. 锻造高质量的思想产品

对思想产品的高标准要求，是 WRI 一直遵从的历史传统。研究所认为，研究和分析的质量对智库的声誉尤为重要，在追求高质量的道路上，他们不遗余力。

（1）严格的学术评估

世界资源研究所设立有专门的"科学与研究部"（S&R），负责评审研究成果。以研究报告为例，其基本评审程序包括：出版计划（由研究部门主任、S&R 共同审定同意）——报告初稿（由研究部门主任、S&R 共同审定）——内部评审（S&R 同意并送内部专家评审）——外部评审（S&R 同意并送外部专家评审）——正式出版报告（S&R 同意出版或发布）。整个评审过程下来，一般需要 6 个月才能完成。①

（2）有针对性的监督机制

当智库开始了自己的全球化旅程后，就会面临很多新考验。比如，如何更好地控制研究质量，尤其当从英语国家拓展到非英语国家的时候。世界资源研究所也遇到了同样的问题，他们的做法是建立了针对性的监督机制，比如在中国聘用了中国的大学教授来监督研究质量，他们还计划将这种质量控制做法延伸到其他地区，比如到印度、巴西和墨西哥等地设立类似的监督机制。

2. 用科技改变世界

"21 世纪的头 12 年里，每分钟有 50 个足球场大小的森林从地

---

① 张志强、苏娜：《国际智库发展趋势特点与我国新型智库建设》，《智库理论与实践》2006 年 1 月。

球上消失。"这并不是电影桥段,也不是危言耸听,这个研究结果源于马里兰大学与谷歌。保护全球森林资源可谓迫在眉睫。以"保护生态环境"为己任的 WRI 联合谷歌等 40 余家合作机构,发布了一款森林动态监测和预警的在线系统——全球森林观测(Global Forest Watch,GFW)。GFW 运用了卫星技术、开放数据、众包模式,能够保证提供即时可靠的森林信息,从根本上改变人类与企业管理森林资源的方式。毫不夸张地说,从现在开始,不管是破坏森林的行为,还是保护森林的举动都将一览无余。

渡槽水风险地图集(Aqueduct Water Risk Atlas),研究所开发的一款水风险评估的在线地图工具,已经为世界上众多公司用于了解自身业务和供应链可能会碰到的水风险,比如麦当劳要求全球 300 多家供应商使用渡槽评估当地的水资源风险对企业的影响,而宝洁、欧文斯-康宁、友达光电等国际知名公司亦对渡槽青睐有加。

《巴黎气候协定》追踪平台,研究所开发的一款交互式地图,民众能够借此监测各国批准《巴黎气候协定》的进展,并且允许用户创建、共享和嵌入自己认为能够实现协定生效的组合。

3. 仿效企业管理方式,打造全球最优团队

世界资源研究所最近完成了对全体经理们的首次 360 评估①。这种评估可以较为全面、客观地搜集被评估人的工作信息,了解其优势与不足。研究所的这一评估活动以后将每年举行一次,这种连续性有助于被评价人进行科学的自我评价。

① 360 评估,是由与被评价人有密切工作关系的人(包括被评价人的上级、同级、下级、自己)对被评价人进行匿名评价的 360 评估系统,从而全面、客观地搜集被评价人工作表现的信息,了解被评价人的优势和不足,并可以通过多次评价结果的连续跟踪和记录,帮助被评价人进行科学的自我评价,促进被评价人不断成长的企业管理工具。

360 评估、年度目标设定、全员绩效评价……这些流行的企业管理方式,在智库中并不常见,却被世界资源研究所充分利用起来,成为他们打造全球最优团队的重要"利器"。

4."WRI 合一"+"快速决策法"保证效率

2008 年,世界资源研究所将首家海外长期办公室落子中国,之后又在印度、巴西、印尼等地先后建立了研究办公室。目前世界资源研究所雇用了来自全球 20 多个国家的 500 多位学者和工作人员。对于如此庞大而复杂的网络组织与人员构成,如何保证工作效率,无疑是一项挑战。为此,世界资源研究所在技术与管理两个层面进行了探索。

(1)WRI 合一

为了满足全球办公网所需的效率,WRI 将多种技术捆绑,建立了"WRI 合一"的平台,用以取代数目繁多却往往不兼容的系统,这个平台涵盖了微软办公室处理软件 Office365、电话软件 Skype for Business、软件 Salesforce 以及相关邮件营销工具、电子支付程序、数字化项目管理工具、知识产品质量控制活动的工作流程序。

(2)快速决策法

管理方面,WRI 实施了新的决策机制,利用了贝恩公司(Bain & Company)研发的"快速决策法"(RAPID model),这里的 RAPID 其实是五个单词的首字母,分别代表建议者(Recommend)、批准者(Agree)、执行者(Perform)、意见提供者(Input)、决策者(Decide)。这种模式通过在决策过程中明晰五种决策角色,快速做出决策,提高工作效率。

世界资源研究所始终遵循对思想产品的高标准要求,他们设置了严格的学术评估体系及监督机制,严格控制研究质量。同时,这家智库仿效企业的管理方式,打造出一支优秀的团队,在走向全球化以后,面对着庞大复杂的全球网络组织与人员,研究所在技术与管理两个层面都进行着积极的探索与创新。

W

新技术塑造传播力:外交政策研究所

外交政策研究所(Foreign Policy Research Institute,FPRI)成立于 1955 年,创始人为早期的地缘政治宣传家罗伯特·斯图亚特–胡培 (Robert Strausz-Hupe)。从 1969 年起,罗伯特先后担任美国驻斯里兰卡、比利时、瑞典、土耳其外交大使。1989 年,在辗转各国 20 年后,他以外交政策专家和名誉主席的身份"回归"外交政策研究所。他认为,"一个国家在行动之前必须思考",这也是研究所成立的一个初衷。全球化的今天,各国之间的关系常常是"牵一发而动全身",罗伯特所说的这种"思考"显得尤为重要。

尽管经历了 60 余年风风雨雨,FPRI 依旧充满活力。根据 2016 年 2 月宾夕法尼亚大学发布的"2015 世界智库报告",外交政策研究所在美国智库排行榜中位列第 33 位。① 不过,研究所规模并不大,目前常驻工作人员仅 30 位左右。② 考虑 FPRI 规模大小,获得如此佳绩自然有其独特之处。

1. 关注对师生及公众的教育

许多智库通过研究、分析与出版物来传播他们的思想成果。与其他智库不同的是,外交政策研究所非常注重对普通公众以及中学

---

① James McGann (February 2016)."The Global Go To Think Tanks Report 2015". p.59.

② http://www.fpri.org/about/staff.

教师、学生的教育。

早在 1950 年,外交政策研究所创始人罗伯特在撰写其经典著作《旷日持久的冲突》(*Protracted Conflict*)时就发现,如果人民对国家间冲突的本质不了解,那么国家的外交政策就不能被贯彻,国家的民主政体也会受到侵害。这也是研究所成立至今,始终将公众教育作为工作重点的重要原因。

FPRI 内部的历史研究所通过开展以美国和世界历史或国际关系为主题的会议,为中学老师提供专业的发展机会。截至 2016 年 11 月,已有来自美国 47 个州,750 所中学的 1000 多位老师参加了这个项目。①

军事史、中东与"9·11"、亚洲、创新的历史……这些都是 FPRI "瓦克曼知识中心"(the Wachman Center for Civic and International Literacy)和"布彻历史中心"(the Butcher History Institute)的明星话题。他们的内容通过期刊、教材、网络广播、课程等渠道走进中学生,影响下一代。

2. 新技术塑造传播力

FPRI 在运用新技术塑造传播力方面不断创新,除了脸书、推特、领英等社交媒体平台,这家智库还开设了自己的 YouTube 频道,提供免费网络课程,利用 SoundCloud 频道传送音频信息……新科技的运用大大拓宽了研究成果的辐射范围,促进了 FPRI 国际影响力的提高。

(1) V-Notes

2015 年,FPRI 开始使用新的研究成果传播平台——V-Notes,这款工具融合了严谨的学术、罕见的镜头、创新的分析,成功启动了美

---

① https://issuu. com/fpri/docs/2015 _ annual _ report _ final? e = 23311798% 2F33321698.

国对阿拉伯地区外交政策的新对话。

（2）FPRI Double Shot

FPRI Double Shot 是 FPRI 的每周播客，主持人 Ron Granieri 会用两分钟左右时间对一周国际重大新闻进行播报，从达沃斯世界经济论坛对未来的意义到欧洲难民危机，从巴黎恐怖袭击到全球气候变化，可谓包罗万象。

（3）FPRI Infographics

FPRI Infographics 是外交政策研究所推出的一种"资讯图表"，在各社交媒体中很流行，有助于快速传达大量信息。

3. 人才招募清单

罗伯特曾在《环球》（*Orbis*）①创刊词上写道："我们需要那些受过良好训练、具备丰富经验的人来处理关系到一个国家未来的关键国际议题，唯有如此，才能应对威胁并抓住机遇。"FPRI 总部员工虽不足 30 人，却个个都是精兵强将，他们都具备下面这些基本素质：

（1）在当代外交政策研究上有自己独到的看法；

（2）能够从地缘政治角度将地理、历史、文化因素结合起来考虑；

（3）在其研究地区有生活、学习或工作经历；

（4）对相关的全球性议题抱有一种责任感；

（5）具备学术、政策和军事方面的综合经验；

（6）拥有语言技能、文化知识和专业素养等。

4. 研究的前瞻性

在对中东欧格局进行综合考察研判后，2015 年，FPRI 前瞻性地

---

① 创办于 1957 年，现已成为外交政策研究所的旗舰刊物。

提出了全新的"泛欧亚"（Eurasia）研究项目，专注于研究地区地缘政治、经济安全和能源问题的复杂动态变化，并与波罗的海地区同类智库及教育机构加大合作力度。

今天看来，"泛欧亚"已成为地缘政治热点话题，被很多智库争相研究，而早就开始相关研究的 FPRI 无疑积累了更多宝贵的研究资源与研究成果，打造了这个领域"先人一步"的优势。

5. 灵活的人员配置

FPRI 的研究人员是由来自不同政治派别的常驻研究员、非常驻研究员组成。由于资源所限，常驻研究员的比例并不是很大，研究团队由更为广泛的非常驻研究员作为补充。这种灵活的人员配置，使研究所既可以实时回应新闻热点，又可以开展长期研究项目。截至 2016 年，FPRI 与全球上百位专家有着合作关系。

成立 60 余年来，外交政策研究所始终关注对师生及公众的教育，他们在运用新技术塑造传播力方面不断创新，大大拓宽了研究成果的辐射范围，促进了智库国际影响力的提高。

将学术界的深思熟虑贯穿到决策界：威尔逊中心

美国各地有不少纪念卸任总统的机构，威尔逊中心（Wilson Center）就是其中之一。1968 年，美国国会通过《伍德罗·威尔逊纪念法案》，决定设立伍德罗·威尔逊国际学者中心，以此来纪念美国第 28 任总统伍德罗·威尔逊。威尔逊中心不仅仅是总统纪念馆，更是世界知名的智库，这里汇聚了来自世界各地的专家、学者，涉足领域覆盖整个人文和社会科学，尤其以历史学、政治学和国际关系为重点。该中心以"成为美国超越党派的关键政策论坛，通过独立研究和公开对话，在全球问题上对国会、政府和政策界提出可实践的想法"为使命，每年为 2000 余名申请者提供 3 万—8 万美元的奖学金进行为期一年的研究,围绕政府治理、美国在世界的角色以及美国和世界面临的长远挑战等课题展开。威尔逊中心主要以公开会议、广播节目、出版物、电子服务和社交媒体等形式影响社会公众和参与全球性的思想对话。

1. 搭建交流的平台

秉承着威尔逊总统的精神,以"沟通两大领域、使学术界的深思熟虑贯通到决策圈内"为使命的威尔逊中心,为不同背景的杰出学者、商界人士和政府官员搭建了一个交流的平台,从而把学术思想与美国公共事务联系在一起,实现了不同学科之间的交流、学术界与决策圈的交流、行政部门与立法部门成员间的交流、政界和商界成员之间的交流。从短期来看,这种交流对决策的影响是间接的,但从长期来看,这种思想的交锋对决策的影响是潜移默化的。笔者在布鲁金斯学会做访问研究员期间,就多次参加威尔逊中心举办的中国问题研讨会。我想,中美之间的这种人文交流非常重要,特别是中美之间关系处在不稳定时更有必要。

2. 以数字化方式贴近关键受众

威尔逊中心发现,出版物、报纸专栏等传统的传播形式,对目标受众的影响力大不如前,他们必须学会以更加数字化的方式贴近关键受众。于是,威尔逊中心将一些热点问题,如印度的水资源交易、合成生物学的潜力与缺陷等做成视频进行广泛传播;《威尔逊季刊》也变成了全电子杂志,方便人们在电脑或手机上随时随地阅读。

相较于一般的传播形式,游戏更容易引发兴趣。威尔逊中心制作的互动性游戏,就起到了很好的效果。人们可以通过游戏轻松模拟类似美国财政预算之类的复杂问题。对于普通民众来说,不失为一种简单又有趣的接触重要议题的方式。

3. 工作与生活的平衡

威尔逊中心非常关注员工的职业规划,他们深知工作与生活的平衡对员工的重要性,中心不但为远程办公投入了巨资,而且还为智库的每位员工办理了健身会员。

以美国第28位总统伍德罗·威尔逊命名的威尔逊中心带有其鲜明的个人色彩和浓厚的官方背景,并以独特的智库定位、雄厚的资金实力、强大的人员团队、跨领域研究能力和先进的传播技术,吸引来自世界各地的专家学者在这里开展独立研究。威尔逊中心为美国政界贡献了大量人才和新思想,为决策者提供了交流的平台,在教育公众方面也发挥了重要的影响,由于其无党派的立场,往往能以第三方的身份在意见相左的冲突中起到调解作用,成为美国国内乃至全球最具影响力的智库之一。

Y

搭建亚洲与世界的对话桥梁:亚洲协会政策研究所

亚洲协会(Asia Society)由洛克菲勒三世夫妇创立于1956年,总部位于美国纽约,机构分支遍及休斯敦、洛杉矶、旧金山、华盛顿特区、香港、马尼拉、孟买、首尔、上海、悉尼等地。六十年间,亚洲协会一直致力于通过在政策、商业、教育、文化和艺术等诸多领域加强对话,增进美国与亚洲民众、领袖和机构之间的相互了解,现已成为美国与亚洲之间最主要的民间社团组织。

现任主席施静书(Josette Sheeran)于2013年6月正式上任,此前她还曾担任世界经济论坛副主席、联合国粮食计划署执行署长以及美国副国务卿等职务。施静书认为,21世纪最为深刻的变革将是亚洲的崛起,亚洲国家不断上升的国际影响力正在改变全球的权力平衡,因此从美国和亚洲角度对国际事务和热点问题提出创新性思维变得十分迫切。在施静书的推动下,亚洲协会政策研究所(Asia Society Policy Institute,ASPI)于2014年4月在纽约正式成立。作为一家专注于亚洲事务和决策的创新性智库,亚洲协会政策研究所旨在将亚洲声音带到全球讨论的中心地位,同时通过建立强大的全球专家和思想领导者的网络,促进亚洲和世界的相互理解,并为解决亚洲和世界面临的重大问题提供解决方案。

1. 网罗全球精英人才

2015年1月,澳大利亚前总理陆克文走马上任,成为ASPI首任所长。凭借着长期从政的经历、亚洲问题学者的身份以及一口流利的普通话,陆克文被认为是"在此历史时刻领导亚洲协会政策研究所的理想人选"。同年11月,原代理美国贸易副代表温迪·卡特勒(Wendy Cutler)加盟ASPI,成为华盛顿特区办公室副总裁兼执行总监。

ASPI旗下还集结了美国和亚洲国家政商界重磅级人物,包括美国前国务卿基辛格、奥尔布莱特、贝克、赖斯、舒尔茨,香港前特首董建华,巴基斯坦前总理阿齐兹,AIG前主席格林伯格,黑石集团主席苏世民等人。这样一支由政府、企业、学界等领域的精英组成的人才队伍,将为亚洲协会政策研究所的发展提供重要的智力支撑。

2. "五步研究法":思想和行动的紧密结合

亚洲协会政策研究所十分重视实践,不仅关注政策研究成果产出,更重视政策分析本身和政策制定过程,由此形成了一套严谨的研究模式,这个模式分五步:

明确挑战:在与政府高官和商界精英的充分交流后,明确目前面临的挑战,将其作为未来研究的指导。

组织小组:组织政策研究专门小组,成员包括前政府高级官员、商界精英和社会杰出人士等。

政策建议:通过专门小组会议和外部咨询,逐步形成政策建议。

政策讨论:将政策建议提供给决策者,并与政策制定者进一步讨论。

解决方案:为政策解决方案提出一个最终路线图,这些解决方案需要具有包容性、建设性、可行性等特点。

3. 利用科技创新打破时空界限

亚洲协会政策研究所通过搭建全球网络技术平台,将来自不同国家的高级顾问、研究人员以及政策委员会成员联系起来,共同支持智库的运营与发展。还有很重要的一点,通过全球网络技术平台,研究所可以实现研究成果的全球传播。

4. 独特的视角和自我定位

(1)强调多领域发展不可偏废

亚洲协会政策研究所把商业、经济同外交、安全政策置于平等的位置,同时还十分重视艺术、文化、教育等方面的交流发展。这些看似与政策制定没有直接关联的领域,却是实现亚洲地区之间、亚洲与美国之间相互尊重的重要基础,而相互尊重是公共政策合作以及思想行动互补的必要前提。

(2)重视"二轨外交"力量

亚洲协会政策研究所致力于跨越国界的"二轨外交",通过高峰会议等方式集合亚洲、美国以及欧洲的思想领袖,发挥非官方的灵活性和广泛性,以找到更好的解决办法应对亚洲国际关系上所面临的主要挑战。

企业化运作的代表：野村综合研究所

野村综合研究所（Nomura Research Institute，NRI）成立于1965年，创始人为野村德七。与传统智库的非营利性不同，野村综合研究所以公司形式运营，通过承接来自政府、企业及民间团体的课题研究，收取费用。NRI的成立正值日本国内经济高速发展与环境保护等矛盾日益凸显之际，作为日本智库的佼佼者，野村综合研究所对日本政府部门的战略、政策制定过程影响深远，曾参与日本政府ICT国家战略的研究、对外贸易与国家安全方面的决策制定工作。

1. 国际化发展

野村综合研究所成立之初就非常重视国际化发展。成立不到两年，研究所就成立了以美国的经济、军事、政治为主要调研对象的野村纽约办事处，之后又利用伦敦世界金融中心地位，成立了收集欧洲和中东的政治与能源信息的野村伦敦办事处。目前，研究所在亚洲、美国、欧洲均设立了分公司，全面掌握海外市场动向。

2. 前瞻性研究

"在变幻莫测的当今时代，我们将在切实把脉现代社会的同时，不断开拓不可预知的未来。"[①]野村综合研究所将自身定位为创造未来的企业，一直关注对未来的思考。比如NRI预测，2030年世界中等收入阶层人口约达到54.9亿，家庭总支出将达到71.6亿美元。而在2030年的中等收入阶层中，超过60%是由目前的低收入阶层晋级过来的。研究所认为日本企业应该抓住其中的机会，才能在未来的中等收入阶层市场中占得先机。

---

① 柯银斌、吕晓莉：《智库是怎样炼成的？》，江苏人民出版社2016年版。

面对日益紧迫的网络安全问题,2013年9月,研究所提出了"分类、安全意识和深度防护"的网络防护策略。这个策略建立在大量的数据分析与长期跟踪研究的基础上,因为从2005年开始,研究所就坚持每年发布关于网络安全的研究报告,这种对问题的敏锐性判断与前瞻性研究,为日后研究所的研究结论打下了基础。

3. 人才建设

野村综合研究所具有一支庞大的研究员队伍,其中,战略咨询研究人员500多人,系统咨询研究人员则达到4000多人[1]。

与传统的日本终身雇用制不同,研究所员工的薪水与职位完全与业绩挂钩。研究所每年还会对研究员进行考核,按照成绩决定员工的"优胜劣汰"[2]。

NRI在人才培养方面也颇具特色。比如研究所会为新员工配置一对一的导师,对员工进行在职培训,设立公司内部的独立资格认证制度、为员工提供到国外进行短期留学的机会等。

4. 高品质的技术保证

野村综合研究所认为,高品质的研究成果需要技术的一臂之力,他们注意把握最新技术动向,将其引入产品的研发过程。比如研究所利用了下一代云环境的"云集成"服务。研究所还专门设立了质量管理部门,开发了一套质量管理体系NRI—QMS系统,为项目运营提供管理规则和操作工艺,这个系统已经获得了ISO 9001系统发展项目的认证。

作为日本民间最著名的智库,野村综合研究所规模庞大,注重国

---

① 柯银斌、吕晓莉:《智库是怎样炼成的?》,江苏人民出版社2016年版。

② 由于野村综合研究所的工作强度非常大,因此,员工淘汰率非常高,根据年度考核成绩,得分超过6分的可以得到升级,连续3年低于6分的,将被劝退。

际化发展,关注对未来的思考,坚持前瞻性研究,在社会危机面前,能够迅速做出反应,成为日本政府重要的民间智囊。

利用新技术推动政策讨论:伊索斯公共政策实验室

越来越多的墨西哥人意识到,智库对国家来说必不可少,因为它们有助于政府作出明智的决定,为关键的社会发展问题指明方向。伊索斯公共政策实验室(Ethos Public Policy Lab)是一家成立于2008年的墨西哥智库,其研究涵盖公共财政、政府与民主、创新、地方发展、城市发展等领域,重点关注消除贫困、社会发展、性别平等以及墨西哥和拉美国家的民主治理等问题。伊索斯希望将这些问题的研究成果转化为政策建议,为墨西哥乃至拉美国家的发展提供智力支撑。

伊索斯公共政策实验室非常擅长利用互联网传播和媒体交互性来构建和提升智库影响力。凭借这一优势,伊索斯已成为墨西哥乃至拉美地区最具潜力的智库之一,在墨西哥全国61家智库中排名第2位,拉丁美洲排名第14位,同时也是墨西哥最佳社交网络和互联网应用智库。①

1."参与式观察"

智库的研究工作离不开第一手资料,很多智库都会通过调查、采访等形式收集这些资料,不过在伊索斯看来,这些传统手段收集到的资料与现实还存在一定差距,已经无法满足智库对于研究的严谨与可靠性的要求。为了提高研究质量,拓宽研究视野,伊索斯公共政策实验室认为,第一手资料的获得还需要"参与式观察",这点类似于人类学中的"田野调查法",在一个"公私部门合作创新"的项目中,他们就曾成功运用这种方法,取得了独特又可靠的数据,提高了研究

① *2015 Global Go to Think Tank Index Report*,或伊索斯公共政策实验室官网:http://ethos.org.mx/es/ranking/。

成果的质量以及政策建议的合理性。

2. 内容发布方式"投人所好"

伊索斯认为,民众的知情和参与是公共议程建构和改进民主治理的关键步骤。信息爆炸的时代,当注意力日益匮乏之时,"简单、生动"成为吸引目光的重要法宝。为了更好地传播研究成果,伊索斯在内容发布方式上"投人所好",比如他们采用了小视频的方式进行传播。为了与受众充分互动,他们利用了移动平台,提供图片、动静态图表、音频视频以及为受众提供评论的机会。

通过促进科研成果的"科普"转化,伊索斯缩短了科研人员与公众之间的距离,提升了科研成果传播的广度和深度,也间接提高了科研成果的价值。交流图表化也是伊索斯的传播特点,在 Ecos de Mexico 项目中,他们就将"国际媒体对墨西哥的看法"转化成生动的每月信息图进行传播。

在智库的媒体化时代,智库制造和传播思想的能力变得同样重要,伊索斯积极提高曝光率来有效传达自身主张,致力于成为"意见领袖型"的智库,这种做法对于宣传一个智库的品牌和名字十分关键。

3. 利用新技术推动公共政策讨论

如何利用大数据推动公共政策讨论? 伊索斯的做法是开发出一个数据可视化平台"Mexicoen140",总结了超过 650 个关键推特账号发表的话题,并进行实时更新。这个平台在推动墨西哥公共政策讨论的同时,也建立起有效的专业资料库,使相关问题的研究者可以从中获得新的思想启发、新的专业观点和大量有效的数据资料,大大增强了伊索斯在互联网中的"用户黏性"。

4. 跨行业的人员配备

伊索斯认为,人才配备上的多元化是未来智库成功的关键词。在伊索斯的团队中,不仅有经济学家、政治学家、国际关系学者,也有律师、社会学家、记者、人类学家……不同的行业与专业背景,丰富了智库的研究视角,增加了智库成果的价值,不过这种人员配备也会面临一定的挑战,比如传统的研究人员与设计师、程序员之间如何合作,其中存在一个磨合的过程,甚至会涉及组织结构与思想上的转变。伊索斯遇到了相同的问题,他们利用互联网和社交媒体突破了传统社交的限制,为智库在复杂多变的需求环境中生存与发展奠定了基础。

Z

以改革提升哲学社会科学创新能力:中国社会科学院

中国社会科学院(Chinese Academy of Social Sciences,CASS),1977 年在中国科学院哲学社会科学学部的基础上建立,作为我国哲学社会科学的最高学术机构与综合研究中心,社科院凭借学科齐全、人才济济、资料丰富的优势,在理论探索与政策研究中不断推陈出新。截至 2016 年年底,中国社会科学院共完成专著 12938 部,学术论文 147003 篇,研究报告 27140 篇,译著 3724 部,译文 23473 篇,学术资料 33266 种、古籍整理 514 种,教材 1108 部,普及读物 1819 种,工具书 1886 部。[1]

① 中国社会科学网,http://news.cssn.cn/zx/bwyc/201705/t20170517_3522765.sht-ml.

1. 人才济济

在社科院历史上,曾聚集了郭沫若、陈寅恪、吕叔湘、钱钟书、季羡林等一大批享誉全球的学术大师。2006 年,社科院建立学部制度,这是社科院完善人才评价体系,建设创新体系、提高学术水平、培育学术大师的一次重大改革。自学部制度实施以来,一共遴选出 61 名学部委员和 134 名荣誉学部委员,逐步形成了以学部委员为龙头、以学术领军人才为重点、以青年英才为骨干的优秀人才队伍。①

2. 机构改革

2015 年 5 月,中国社科院启动了包括马克思主义理论创新智库、财经战略研究院、国家金融与发展实验室、生态文明研究智库、国家治理研究智库以及中国廉政研究中心等专业智库建设。截至 2017 年,中国社科院专业化智库数量已经达到 18 个。②这是社科院以改革促发展的最新实践,这些专业智库将改变以往社科院类似政府机构的运作模式,探索实施更为灵活的体制机制。

以"国家金融与发展实验室"为例,这个国家级高端智库主要集中于国内外货币金融政策、金融改革与发展、金融创新与监管、金融安全与风险管理、全球治理与政策协调等领域的研究。智库实行理事会领导下的主任负责制,日常管理机构为执行委员会,下设三类机构:服务于整体的科研支持机构,专业研究机构以及同其他机构合作设立的研究组织或调查基地。③ 智库理事长李扬认为,国家金融与发展实验室实际上就是在"创建一个平台,推动科学研究方法、科学研究机制、科研成果运用、科研管理机制四项创新,以此为基础形成

---

① http://www.cssn.cn/qt/zgskygk.
② 中国社会科学院院长王伟光在 2017 年 5 月"走向世界的中国哲学社会科学国际论坛"上的发言。
③ 国家发展与金融实验室官网,http://www.nifd.cn。

新型智库体制机制。"

3. 丰富的馆藏资源

丰富的文献资料,是研究工作的基本条件,中国社会科学院图书馆拥有丰富的馆藏资源,其中包括 500 余万册图书、两千余种中文期刊,近千种外文期刊,600 多种电子出版物。可以称得上目前我国馆藏最丰富的人文社会科学专业图书馆。① 中国社会科学院不仅拥有综合性图书馆与专业性图书馆,而且与国内外的科研机构建立了图书资料互换关系,为科学研究工作提供了丰富的信息资料支撑。

4. 广泛开展国际学术交流

广泛开展对外学术交流是中国社会科学院的一贯方针,更重要的是,社科院将对外学术交流与学科建设、课题研究结合起来,很好地促进了学科发展以及重点科研项目的研究。目前,社科院对外学术交流已遍及全球 130 多个国家与地区,与海外 200 多个社科研究机构、高等院校建立了学术交流关系,对外签订学术交流协议百余个,全院年均对外学术交流总量 3000 人次左右,每年与国际组织、国外学术机构、智库和高校共同举办高端论坛和研讨会数十次。②。可以说,中国社科院在我国哲学社会科学和文化"走出去"方面充分发挥了引领作用。

"中国超级智库":中国国际经济交流中心

中国国际经济交流中心(以下简称国经中心),成立于 2009 年 3 月。国务院原副总理曾培炎任中心理事长,中心领导层的"豪华"阵容让这家年轻的智库备受海内外瞩目,被称为"中国超级智库"。国

---

① http://www.literature.org.cn/postdoctor/index.htm.

② http://www.cssn.cn/qt/zgskygk.

经中心成立以来,提出的关于"将部分外汇储备用于支持国内企业走出去""将国家开发银行重新定位于开发性金融机构""发起设立亚洲基础设施投资银行"等一系列建议得到决策层采纳,产生了强大的政策影响力。

1. 众星云集的专家阵容

在国际金融危机背景下迅速组建的国经中心刚一亮相便引起广泛关注。这所超级智库不但在筹备过程中获得了国务院领导的批示,还由国务院原副总理曾培炎担任理事长。副理事长和常务理事团队包括中国政、商、学界一大批在任和退休的部长级官员,中央企业和金融机构负责人,以及国际知名的中国经济学家。比如商务部原副部长魏建国担任国经中心副理事长,国务院研究室原司长陈文玲担任中心总经济师等。

2. 国际视野与开放平台

2008 年,国际金融危机爆发,新的全球性挑战摆在世人面前,国经中心正是诞生于这个国际大背景之下。因此,国经中心非常重视国际交流,广泛开展国际交流活动,通过搭建开放性的平台,让来自全球的精英一起探讨国家战略性、国际化的话题。

"全球智库峰会"是由国经中心首创的国际化论坛,峰会每两年举行一次,从 2009 年首届峰会至今,已举办过四次。峰会为国内外著名智库搭建了一个交流的平台,围绕国际热点话题进行高峰对话。

"中美工商领袖和前高官对话"由国经中心和美国全国商会联合举办,通过两国工商界开放且富有建设性的讨论,影响两国经贸政策。这种非官方的渠道,可以让国际社会更了解中国。

3. "中经基金"为智库研究注入活水

国经中心是社团民间组织,中心的发展经费需要自己筹集。在没有财政拨款的情况下,如何保证智库集中精力对复杂问题进行深入研究呢?在成立国经中心之初,他们就开始思考智库的发展经费问题,之后中心通过成立中国国际经济研究交流基金(简称中经基金)来解决这个问题,中经基金的最高决策和管理机构是中国国际经济研究交流基金董事会,董事会成员由中外著名企业家、慈善家、社会活动家及各界社会贤达人士等组成。

中经基金的主要作用在于,资助开展国内外重大经济问题研究。研究的主要领域包括:世界经济发展趋势、国际金融、国际贸易、跨国投资,以及国际经济领域的重大热点、焦点问题;国家宏观经济、财政金融、外资外贸、区域经济、产业发展以及企业经营管理等方面的重大问题和相关政策。中经基金还将资助开展各种形式的国际经济交流活动,为组织国内外智库间、地区间、企业间的研讨与交流提供资金支持。

4. 体制机制创新

国经中心在体制机制上进行了创新。比如在研究方向,他们秉承着开放、合作的科研模式,其研究力量分为"在编坐班""坐班不在编""不在编也不坐班"三个层次,其中,"在编坐班"属于中心的核心研究部门;"坐班不在编"主要是发改委、商务部、财政部等国家重要经济部门的退休领导,国经中心聘请原政府高官任高层管理,充分借鉴了发达国家的智库"旋转门"机制,为退休领导发挥余热提供了良好的平台,同时也获得了更具体更有针对性的指导方向和政策渠道;"不在编也不坐班"主要是通过采用"招标制"的方式,将一些研究任务分包出去,在全国甚至全球范围内招标,然后派出中心的研究人员进行项目跟踪。

中国国际经济交流中心的诞生,标志着中国政府对智库参与政府决策、保持思想的独立性和全球影响力拓展的强烈渴求。国经中心通过创新体制机制、建立开放的平台,加强与国际知名智库的对等交流等方式,充分发挥"二轨外交"作用,积极扩大中国的国际话语权。

高校智库新探索:中国人民大学重阳金融研究院

中国人民大学重阳金融研究院(简称"人大重阳")成立于 2013 年,总部位于中国北京,人大重阳是重阳集团董事长裘国根先生向母校捐款 2 亿元并设立教育基金运营的主要资助项目。人大重阳作为中国新型高校智库,依托中国人民大学,不但获得了广泛的学术资源,也获得了社会资金的支持,成立以来多次收到社会企业界人士的公益捐款,为智库的运营和研究项目的开展提供了很好的保障。人大重阳以"立足人大,放眼世界,把脉金融,观览全局,钻研学术,注重现实,建言国家,服务大众"为宗旨,进行着高校智库的新探索。

1. 多样化的智力支撑

人大重阳的研究力量主要分为三部分:第一部分是全职研究人员,主要负责生产内参报告;第二部分是高级研究员,主要由不同国家的前高官、专家学者组成;第三部分是因项目需要而聘用的研究人员,这部分研究人员的数量最多。从团队结构上来看,人大重阳充分借鉴了国外智库"小核心,大外围"的模式。

从团队人员组成上来看,人大重阳则"近水楼台",充分利用了中国人民大学丰富的智力资源,依托中国人民大学的丰富学术资源,在人民币国际化、互联网金融等领域展开了一系列研究。比如《人民币国际化动态与展望》,就是由中国人民大学国际货币研究所、中国人民大学财政金融学院以及中国人民大学重阳金融研究院合作完成。人大重阳在 G20 问题研究、丝绸之路经济带、互联网金融、金融改革等方面都发挥了一定的决策影响力。一位人大教授曾说,这些成绩是把中国人民大学学者的思想转化为决策影响力、社会影响力的必然结果。

除了来自高校的智力资源,人大重阳也充分发掘了访问学者资源。比如《全球治理新格局——2016 年 G20 总结及 2017 年展望》就是由人大重阳的访问学者、土耳其经济政策研究基金会政策分析师费伊楠所作。

2. 研究成果多元呈现

宏观日报、出版物、研究动态、金融简报、生态金融、论坛实录、研究报告、调查报告、G20 专题报道、丝绸之路经济带专题报道、宏观周报……在人大重阳的网站上,你可以看到他们的研究成果会以不同的形式呈现。以宏观日报为例,其"主打产品"是"十大财经看点",主要是梳理了十条每天国内外经济金融方面的动态信息。

不同的受众,需求不同,偏好也有所差别,研究成果的呈现形式如果可以很好地抓住受众的眼球,对于研究成果的广泛传播具有重要意义。

3. 重视打造智库传播力

2014 年,人大重阳成立的第二年就登上了《全球智库报告》全球顶级智库 150 强榜单。作为一家年轻的智库,人大重阳能够在短时间内"名声在外",与其重视打造智库传播力是分不开的。这一点深刻体现在其管理团队的人员结构上,根据官网资料显示,其管理团队成员中 60%以上都具有传统媒体或新媒体工作经验。[1]

---

[1] 根据人大重阳官网资料整理 http://rdcy-sf.ruc.edu.cn/more_cybei.php? cid = 348&pid = 770&page = 1。

"平均每个工作日发表2篇公开文章、平均每天有7家次媒体报道,平均每周2—3次各类研讨会、每月出一本书……"虽然这种"冲刺"般的速度曾引来一些质疑,不过,从另一个角度出发,这其实正是其采用多种传播方式,打造智库影响力的一种生动体现。

以全球视野,为中国建言;以中国智慧,为全球献策:全球化智库(CCG)

2008年,中国百年奥运情结终于梦圆北京,"同一个世界,同一个梦想"的奥运口号表明,中国与世界的联系将更为紧密。就在这一年,我们创建了全球化智库(CCG),将中国的全球化战略作为智库研究方向,尤其注重全球治理,人才全球化和企业全球化及国际关系方面的研究。这是中国第一个以"全球化"命名的研究机构。当年在中国谈起"全球化",还是一个相对敏感的词汇。如今,中国领导人高度评价中国参与全球化,习近平主席在达沃斯的演讲将中国对全球化的总结和理念提升到了一个前所未有的高度,获得了世界各国的高度评价。

经过近十年的发展,CCG初步实现了智库的全球化布局:总部北京——广州、青岛、深圳/东莞三大研究院——上海、深圳两大分会——香港、华盛顿、纽约、伦敦、法兰克福、巴黎和悉尼等多个海外代表。2017年11月,CCG还成立了香港委员会,全国政协副主席、香港特别行政区前行政长官梁振英亲自出席启动仪式并致辞。全国政协副主席、香港特别行政区首任行政长官董建华发来贺信。CCG成为在国内外设置网点最多的中国社会智库。CCG在实践中积极探索着中国特色新型智库的建设模式与发展路径,实现了持续创新,获得国内外的一致肯定,被授予中央人才工作协调小组授牌的人才理论研究基地、中联部"一带一路"智库联盟理事单位、被国家人社部授予博士后科研工作站资质。在全球最具影响力的美国宾夕法尼亚大学《全球智库报告 2016》中，CCG 表现亮眼，在全球约七千家智库中，位列第 111 位，在全球最佳创意和模式创新智库、全球最佳质量保证和完整策略及程序智库、全球最佳互联网应用智库等多个单项榜单中位列中国智库第一。CCG 在国内多个榜单中也获得充分肯定。在四川省社会科学院与中国科学院成都文献情报中心联合发布的《中华智库影响力报告（2016）》中，CCG 是唯一进入影响力排名前十位的社会智库。在光明日报智库研究与发布中心和南京大学中国智库研究与评价中心联合发布的《中国智库发展评价报告》中，CCG 再次位列中国社会智库第一。

作为中国社会智库的典型代表，CCG 在实践创新中总结出智库政策影响力、智库思想创新力、智库研究支撑力、智库社会传播力、智库国际输出力的"五力模型"，为社会智库提供独立的思想产品，提高影响力，助力政府公共政策决策和制定提供借鉴经验。

1. 政策影响力：做好"政府的外脑"

智库，为影响政策而生。由于管理灵活、研究独立，社会智库所提出的政策建议往往可以超越部门利益、行业利益或地方利益。社会智库与体制内智库的并行发展，有助于构建中国特色的智力支持体系，促使国家政策制定过程中有可选择的智力资源，不断增加政府决策的科学性与民主性，提高决策水准。作为中国特色新型智库的实践者，CCG 主要通过建言献策、政府课题与决策培训"三驾马车"，影响与推动着政府的相关决策与制度创新。

（1）建言献策

CCG 特别重视智库的建设性，在重大公共政策制定上，提供独立、专业、可操作和富有建设性的解决方案。我们建立了顺畅的建言献策渠道，掌握了用政策建议的语言给政策制定者定期报送《建言献策参考》，不少成果和建议受到了相关政府部门领导的重视，得到

了中央和国家领导人的批示。

这些年来,CCG 积淀了丰厚的建言献策成果。以 2016 年为例,CCG 提交建言献策参考百余篇,多项研究成果获得中央领导批示,数项建议被采纳,进入政策制订的调研期。CCG《关于成立国家移民局的建议》《关于提升中关村国际人才竞争力的建议》受到多位党和国家领导人批示。中共中央《关于深化人才发展体制机制改革的意见》、中办和国办《关于加强外国人永久居留服务管理的意见》、中办《关于加强欧美同学会(留学人员联谊会)建设的意见》、公安部支持北京创新发展的 20 项出入境政策措施等文件,也采纳了 CCG 提出的相关建议。

早在 2008 年,CCG 便参与了《国家中长期人才发展规划纲要》的起草工作,负责该纲要国际人才竞争战略的研究工作,是"千人计划"出台的重要参与者。目前,国家已经吸引了约 8000 名"千人计划"高层次人才回国效力,为国家人才强国战略和创新驱动战略实施做出了贡献。CCG 起草的有关《中国留学人员回国创业启动支持计划》建议也曾得到了党和国家领导人批示,并由财政部会同人力资源社会保障部联合制定颁发,作为支持全国留学人员回国创业的重要政策实行至今,取得巨大社会影响。

由于 CCG 坚持不懈的建言献策,成果显著,CCG 负责人作为智库界代表被聘为国务院参事。

(2)承担部委和省级课题

通过承担中组部、统战部、人力资源和社会保障、发改委、教育部、科技部、公安部、国务院侨办、国家外专局、国家汉办,中国侨联和欧美同学会等有关部委和地方省市及有关机构的大量政策研究课题,CCG 构建起良好的政府与智库的关系,影响和推动着政府相关决策和制度创新,充分发挥了智库的政策影响力功能。

2013 年,我们参加了中央有关文件起草的研究工作,完成了中央统战部和欧美同学会的《留学回国人员面临的形势及未来发展战略建议》及《关于进一步加强欧美同学会建言献策功能的建议》等研究。在《中国留学发展报告(2013)》蓝皮书中,我们提出的欧美同学会应成为智囊团、人才库、民间外交生力军等新定位和设想的建言献策被中央采纳,这对新时期新阶段中国日益壮大的留学人员队伍来说是一个新的定位和巨大的鼓舞。2015 年,中央统战工作会议,习近平总书记提出"留学人员是人才队伍的重要组成部分,也是统战工作新的着力点"。2016 年,中央办公厅印发《关于加强欧美同学会(留学人员联谊会)建设的意见》,强调健全组织体系,在全国范围内成立各级留学人员组织,发挥留学报国人才库、建言献策智囊团、民间外交生力军作用,这些都部分吸收了 CCG 课题研究成果。

（3）提供相关政策培训

政策培训实质上是将智库的研究成果转化为政策的一条重要途径。在为决策者讲课过程中,可以对一些重要现实问题阐述智库观点。CCG 专家多次参与中组部全国组织干部学院、中国浦东干部学院所组织的全国省区市地市级组织部长培训班,中央和地方智库建设培训班,也曾为中央党校战略研究班讲课。CCG 协助人社部建立了"中国留学人员创业专家指导委员会",并协助委员会经常举办人力资源和社会保障部高级创新创业人才研修班。CCG 专家还应北京、上海、天津、广东、江苏、浙江、山东、河北等省市政府邀请,为当地官员举办培训。

2. 思想创新力:"思想市场的鲶鱼效应"

智库要影响决策,就需要站在思想领域的前沿,既要善于抓住社会热点,更要具有前瞻意识,为政府提供新思想、新观点、新方案。思想创新力是 CCG 的核心竞争力。

2008 年,北京奥运会提出了"同一个世界,同一个梦想"的口号,我们敏锐地抓住中国与世界关系将更加密切这一信号,同年创建了

全球化智库(CCG),这是中国第一个以"全球化"命名的研究机构,从那时起,CCG从不间断地研究和宣传全球化对中国的重大意义,连续多年举办系列全球化论坛和全球化圆桌研讨,为全球化在中国布道。

近两年全球范围内的"黑天鹅"事件频发,"英国退欧"和美国总统唐纳德·特朗普推行"贸易保护主义"等给全球化未来带来巨大"冲击波"。在全球化面临重大挑战、逆全球化思潮出现的关键时刻,CCG汇集政、商、学界精英举办了30多场①专题研讨会,群策群力,为中国应对新时代下的世界秩序,积极参与全球治理建言献策。

在长期跟踪研究的基础上,我们推出了逆全球化思潮下的中国方案系列:《客观认识逆全球化,积极推进包容性全球化》《FTAAP:后TPP时代的最佳选择?》等系列报告,并出版了中国第一部系统、深入研究全球化与逆全球化的原因、本质、规律及趋势的书籍:《全球化VS逆全球化:政府与企业的挑战与机遇》。在特朗普上任前夕,CCG发布《特朗普时代的机遇、挑战与中国应对》研究报告,为紧张时局下中美关系的稳定发展发出智库的理性声音,在国内外引起广泛反响。在特朗普有意收紧移民政策,"用美国货、雇美国人"之时,CCG发布《抓住美国移民收紧机遇,更加开放国际人才政策》报告,为提升中国的国际人才竞争力提出10项具体建议;在"习特会"前夕,发布《中美基础设施领域合作前景广阔,为中美关系提供新机遇》,报告认为中美在基建领域存在较大优势互补,有广阔合作共赢

---

① 这些研讨会的议题涵盖"全球化与逆全球化""WTO与全球治理发展新趋势""中美外交及经贸关系""新型全球化和逆全球化的博弈和出路""中美关系与未来发展""特朗普当选后的中美经贸关系展望""中美双边直接投资25年""美国大选及其全球影响""法国大选后的全球化形势与'一带一路'推进""'一带一路'海外园区建设"等。CCG还邀请了众多国际知名学者就全球化的相关议题进行讲座,比如国际关系顶级学者Acharya教授关于"新时代下的世界秩序和全球治理"的讲座,唐世平教授关于"特朗普时代的国际秩序分析及中国的选项"的讲座等。

空间,可在特朗普治下的中美关系中发挥积极意义,并由此从不同层面提出了加强中美基建合作的具体建议。在"一带一路"国际合作高峰论坛①开幕前夕,发布《"一带一路"的国际合作共赢方案及实现路径》,阐明在全球化面临停滞与挫折的时期,"一带一路"将成为新型全球化的有效推进方案。在 G20 汉堡峰会前夕,CCG 发布了关于全球化形势分析的新书《大转向:谁将推动新一波全球化?》,阐述了在新的全球化背景下,中国如何在全球治理中积极发挥大国作用,如何妥善处理中美关系。在美国总统特朗普开启其入主白宫以来的第一次访华行程前夕,CCG 基于美国调研成果和在中美关系特别是经贸领域的研究积累,发布了《CCG 赴美调研报告:寻求稳定、均衡和共赢的中美关系》,从中美基建、经贸、人才留学、互联网治理、太空合作等 12 个方面提出建议,为构建一个共赢合作的中美大国关系积极努力。

一系列研讨会以及研究成果的发布,为政策制定、企业发展和社会认知提供了参考,为不断变化的国际形势下中国继续推动经济全球化,进一步完善对外开放战略布局,促进包容性全球化贡献了中国智库的智慧。

多年来,CCG 提出了许多前瞻性的思想与观点。值得一提的是,CCG 在 2009 年出版的图书《人才战争》和在多家媒体对比"美国梦"后发表专栏文章提出"中国梦",并于 2012 年夏天在欧美同学会会所专门举办了"中国梦"的研讨会,最早从人才发展角度首推"中国梦"理念。此外,CCG 的建议从"黄金周"到"中国公众假期优化",也参与影响和推动了国家公众假期制度的改革,如清明、中秋、

① "一带一路"国际合作高峰论坛是"一带一路"提出 3 年多来最高规格的论坛活动,是 2017 年中国重要的主场外交活动,对推动国际和地区合作具有重要意义。28 个国家元首和政府首脑确认出席"一带一路"高峰论坛,习近平主席出席高峰论坛开幕式,并主持领导人圆桌峰会。

端午假日的恢复和建立。CCG 在研究方面不断创新,提出要建立"国际人才学""中国海归学""中国创新全球化""人才赤字"以及"从中国企业国际化到中国企业全球化"等新概念也在不断促进着学术和研究创新的发展。

3. 研究支撑力:中国智库的社会"智造"

智库的研究成果最终是要影响政策,这就需要智库提供高质量、有价值的研究。CCG 清楚的认识到,智力资本是智库的核心资本,我们在立足自身研究力量的基础上,积极发展与海内外顶尖智库、一流大学、研究机构以及权威学者专家的友好合作关系,不断汇聚与拓展高端智力资源,建造了高层次的外部人才资源库,成为 CCG 重要的思想力源泉。在此基础上,CCG 严谨地进行研究定位和议题设置,不断夯实研究基础,保证了智库持续产出高质量的研究成果。

(1)凝聚有智慧的人

2014 年,国家外经贸部原副部长、中国入世谈判首席代表、博鳌亚洲论坛任期最长的秘书长龙永图欣然应邀担任 CCG 主席。龙永图主席曾向媒体表示:"我这一生希望做三件有意义的事,第一件是帮助中国加入 WTO,使中国对外开放上了一个新台阶;第二件是当了 8 年博鳌亚洲论坛的秘书长,打造了中国最知名的论坛;第三件事便是拿出相当多的力量打造 CCG,使它成为国际上有影响的智库。"CCG 还得到一大批社会贤达的加入,包括中国外交部原副部长、国务院侨办原副主任何亚非与亚洲协会联席主席陈启宗担任了智库的联席主席,福耀集团主席曹德旺,百度创始人李彦宏,新希望集团董事长刘永好,红杉资本中国创始人沈南鹏,三一重工总裁唐修国,中信资本董事长张懿宸,高瓴资本董事长张磊,万科董事长王石,法政集团董事长王广发,金杜律师事务所创始人王俊峰,信中利资本董事长汪潮涌,真格基金创始人徐小平,新东方教育科技集团董事长俞敏洪,宝时得科技(中国)有限公司总裁高振东,方太集团董事长茅忠群等一批中国知名的企业家也担任了 CCG 的副主席。

作为智库,CCG 拥有百余位国内外知名特邀专家和特邀高级研究员,并在全球范围内汇聚具有政策创新能力、能推动政府决策、拥有国际一流研究成果的专家加盟智库的全球研究网络。CCG 的学术专家指导委员会的专家队伍阵容强大,是云集了全球顶尖专家最多的中国社会智库。新加坡国立大学东亚研究所所长郑永年担任了学术专家委员会的主任,薛澜、施一公、钱颖一、陈十一等均是学术专家委员会①的核心成员。这些国内外一流的专家与 CCG 保持了经常性的沟通交流,通过参与智库学术研讨活动,为智库的发展提供学术指导。CCG 会定期发布专家们的研究动态和学术成果,保持与专家的良性互动与交流合作。

参考国际智库的"旋转门"机制,CCG 进行了积极探索,国家外经贸部原副部长龙永图、中国外交部原副部长何亚非分别担任了 CCG 的主席与联席主席,商务部欧洲司原司长孙永福、中国驻美国大使馆原公使何宁、商务部美大司原司长江山等担任了 CCG 的高级研究员。他们丰富的政府工作阅历与政策制定经历,对我们来说是一笔宝贵的财富,成为 CCG 为国家建言献策的重要支撑。

CCG 不断发展成熟,还与我们拥有一支高素质的管理和研究团

---

① 专家委员会成员还包括:中央党校战略研究室主任段培君、中国人民大学公共管理学院原院长董克用、德国波恩大学全球化中心主任辜学武、美国麻省理工学院斯隆管理学院副院长黄亚生、美国对外关系委员会高级研究员黄严忠、新加坡李光耀公共政策学院教授黄靖、北京师范大学学术委员会副主任李晓西、布鲁金斯学会约翰桑顿中国中心主任李成、哥伦比亚大学教授吕晓波、新加坡南洋理工大学人文和社科学院院长刘宏、美国兰德智库前亚洲部主任 W. Overholt、哈佛大学教授丘成桐、北京大学教授饶毅、美国杜克昆山大学校长 Denis Simon、浙江大学管理学院院长吴晓波、宾夕法尼亚大学沃顿中国中心主任张忠、纽约大学中国中心主任张旭东、国家发改委学术委员会秘书长张燕生、丹佛大学当代中国研究主编赵穗生、英国诺丁汉大学中国学院院长姚树洁、香港科技大学人文社科学院副院长 David Zweig 等。

157

队密不可分。在八位全职高管里面，相当一批都有过政府，企业和学术经验，绝大部分高管都具有海外学习工作经历，一半以上具有博士学位，形成了多学科多领域的智库管理团队。100 余名全职的研究人员和专业工作人员，均来自哈佛大学、哥伦比亚大学、牛津大学、曼彻斯特大学、清华大学、北京大学等国内外名校，其中博士占比37%，双硕士、硕士分别占比 9%、54%。他们大多具有双语研究能力，有些具有三语能力，还具有多元的专业背景，涵盖了经济学、社会学、公共政策、人才学、国际关系、文学、哲学、工商管理、法学、计算机等几十个专业。

（2）高水平的研究成果

CCG 通过特定领域的博采众长和特定话题的深耕细作，以及重大研究课题的挖掘与延展，不定期出版单本专著。

我们与中国社会科学院社科文献出版社合作多年，每年推出四到五本蓝皮书①，相对于其他智库平均每年出版一本蓝皮书的频率，每年四到五本的蓝皮书出版数量在中国的独立研究机构里也属于凤毛麟角。CCG 的国际人才蓝皮书系列涵盖了从出国留学到回国创业，再到国家间人口流动以及移民各方面的情况和最新动态，开创了多个国内第一：第一本关于中国海归发展报告的蓝皮书《中国海归发展报告》；第一部系统研究留学发展现状、特点及热点的蓝皮书《中国留学发展报告》；中国第一部国际移民报告；中国第一部有关海外华人专业人士研究的报告。值得一提的是，CCG 近四年发布的《中国企业全球化报告》蓝皮书从多角度和多维度总结了中国企业全球化的成功经验，深入分析企业当前所处环境、面临的问题和风险，并提出了许多相应政策与对策建议。作为国内第一本由专业全

---

① 中国社会科学院的皮书系列，具有很强的权威性，反映了中国经济社会各个领域的发展状况，为公众及政府了解相关领域的信息提供了很好的参考。蓝皮书的出版，需要经过皮书论证委员会专家的集体论证，门槛非常高。

球化智库出版的企业国际化蓝皮书,填补了中国企业"走出去"研究领域蓝皮书的空白。可以说,蓝皮书系列奠定了智库在国际人才、企业国际化、海归创业、华人华侨、出国留学和国际移民等研究领域的权威地位。

CCG 开创了智库文库丛书系列,我们与国内外知名出版社如人民出版社、社科文献出版社、中信出版社、英国的 Emerald 等出版社均有长期合作关系,出版图书种类达到几十种。由于兼顾了学术研究的严谨性与社科图书的可读性,智库文库丛书在社会上产生了良好的反响。2010 年 4 月,CCG 在长期研究积累的基础上,出版了《国家战略——人才改变世界》一书。这本书对发达国家及发展中国家的国际人才竞争战略进行了系统的梳理归纳,对国际人才竞争进行了规律总结与趋势预测,在此基础上,提出了建立中国国际人才竞争战略的建议。该书出版还不到一个月,就得到了有关政府部门的高度关注。2010 年 5 月 22 日,尽管是周末,广东省委办公厅读书小组学习交流会却像工作日一样忙碌,广东省委书记正与党员干部分享着最近的读书体会,他特别向青年党员干部推荐了《国家战略——人才改变世界》这本书,并表示,"省委部分领导集中阅读了这本书,印象很深,启发很大"。广东省委书记连续四个周末亲自导读本书,并多次强调高层领导应该深化对人才的认识,加深广东省的人才发展进程。

CCG 也十分重视在智库领域的研究。作为社会智库的创办者和实践者,我们持续考察和研究几十家国际顶尖智库的运作与管理,结合 CCG 的运营管理经验,继 2014 年在人民出版社出版了《大国智库》畅销专著之后,又于 2017 年在中信出版社出版了第二本系统性研究智库的力作《大国背后的"第四力量"》。该书勾勒出智库建设的路径图,创造性地提出了智库建设的"五力"模型,这是中国智库人自己的观察、思考、实践和理论总结,具有鲜明的全球视野、国际意

识及中国特色,标志着中国智库人在智库理论探索方面的成熟与发展。

4.国际输出力:"全球化先锋"

国际化是全球顶尖智库的共同特征。多年前,当国内对国际化智库的概念尚缺乏系统研究和实践经验时,我们便开始探索中国社会智库国际化的模式。CCG 使用国际语言与世界交流,搭建国际战略合作平台,并通过"引进来"与"走出去",实践着"以全球视野,为中国建言;以中国智慧,为全球献策"的智库目标。

(1)使用国际语言与世界交流

中国智库要在国际上传播好中国声音,讲好中国故事,就要学会使用国际通行的语言、方式与世界交流。

CCG 在国际上连续出版了多部研究著作,用国际化方式发出中国声音,在世界范围内传播研究成果,影响国际学术界。以 2016 年为例:*Reverse Migration in Contemporary China:Returnees,Entrepreneurship and the Chinese Economy* 一书由国际知名的权威出版社 Palgrave Macmillan 出版,并收录于 *Politics and Development of Contemporary China* 系列丛书;*China Goes Global:How China's Overseas Investment is Transforming Its Business Enterprises* 一书由 Palgrave Macmillan 出版,并收录于 *The Palgrave Macmillan Asian Business Series* 系列丛书;*Entrepreneurship and Talent Management from a Global Perspective:Global Returnees* 一书由国际知名的权威出版社 Edward Elgar 出版,并收录于英国社会科学院主席、英国管理学会主席、英国人力资源发展协会(CIPD)主席、英国曼彻斯特大学商学院教授 Cary Cooper 爵士主编的《管理学研究新视野》(*New Horizons in Management*) 丛书。CCG 还出版了自有品牌英文学术刊物 *China Affairs* 样刊,用国际语言、国际视野向国际公共政策与学术界介绍 CCG 研究成果。

CCG 早在 2008 年就建立了专业的英文网站,并在 2014 年进行了改版升级,是国内较少拥有成熟英文网站的智库之一。2016 年再次推出全新英文网站(http://en.ccg.org.cn/),新版网站支持移动客户端,并有分类目录便于查找各项信息,旨在以国际流行的网站形式、叙述方式,帮助国际访问者更好地了解 CCG 在中国的全球治理、企业全球化、人才全球化等研究领域所做的工作。读者可以在网站上直接订阅智库的英文电子通讯周报。此外,CCG 还在 Facebook、Twitter、LinkedIn 等国际社交媒体上开设了账号,及时用英文发布,实现智库成果的全球传播。

(2)搭建国际化的研究与合作网络

国际组织、国际性研究机构对国际社会舆论和公众民意具有巨大的影响力,在全球化背景下,智库可以通过广泛参与全球事务,在全球层面研究、设计与推动中国对外战略,通过影响国际社会,进而影响政策。

以 CCG 推动中国加入国际移民组织为例。CCG 是国内唯一致力于移民领域相关研究并积极推动中国加入国际移民组织(IOM)的智库。在此之前 IOM 在中国并不被熟知,CCG 对移民问题进行详细调研后,与 IOM 达成深入合作,多次承担 IOM 相关课题,并与 IOM 联合发布《世界移民报告 2013》《世界移民报告 2015》中文版,取得广泛社会影响。此外,CCG 连续出版《中国国际移民报告》蓝皮书等,深入研究中国国际移民现状、趋势和对策。CCG 关于中国应加入国际移民组织(IOM)的建议对政府决策产生了积极影响。另一方面,CCG 在举办的系列活动中,积极搭建起 IOM 与中国政府沟通交流的桥梁。2016 年 6 月 13 日,外交部副部长王超向 IOM 递交了中国申请加入的信函,同年 6 月 30 日,国际移民组织通过决议批准中国政府的加入申请,中国正式成为 IOM 成员国,深入参与全球治理,深化国际移民合作。

CCG 与众多国际组织机构包括世界银行、联合国机构、国际劳工组织、国际移民组织、国际猎头协会、国际大都会人才组织、布鲁金斯学会、美国企业研究所、战略与国际研究中心、移民政策研究所、威尔逊中心、基辛格中心、传统基金会、加拿大亚太基金会、亚洲协会、百人会、美商会、欧盟商会等都开展了合作与交流。

美国企业研究所（AEI）与布鲁金斯学会并称为华盛顿的"两大思想库"，是美国保守派的重要政策研究机构，AEI 的诺曼·奥斯坦（Norman Orstein）曾经领导一个团队，起草了美国《2002 年两党竞选改革法》。AEI 对美国特朗普政府颇具影响力，在 CCG 的邀请下，美国企业研究所首次组成专家团访华，并于 2017 年 5 月 18 日和 CCG 联合举办"中美智库中美经贸发展研讨会"。研讨会当天，来自中美双方智库的著名专家学者组成的专家团就"特朗普执政回顾""世界最大两个经济体的相互依赖和互动""中美经贸如何帮助美国经济复兴""习特会后中美双方如何加强沟通与合作"等热点话题进行了深入探讨。

CCG 还与经济学人智库联合举办了"民粹主义、欧洲的未来与全球化—2017 年的关键之争"研讨会，经济学人智库董事总经理毕若彬（Robin Bew）先生发表主题演讲，并对民粹主义的根源、中美关系中的敏感和脆弱领域、中国经济的增长与可持续发展等问题进行了回答。

（3）引进来：众多国际政要、著名学者访问交流

CCG 目前已成为许多国际政要、著名国际专家学者的重要"造访地"，成为国际精英了解中国政策的窗口和发表观点的渠道。

2015 年 9 月，值习近平主席访美之际，为加强中美教育交流，CCG 在北京举办了一场中国创业教育研讨会。美国前国务卿、斯坦福大学原教务长康多莉扎·赖斯（Condoleezza Rice）女士出席了研讨会。她一身灰色西装，仍是干练的齐肩短发、极富感染力的笑容，

虽已离开政界多年,仍能看到当年叱咤美国政坛的模样,赖斯女士带来了一场内涵丰富的精彩主题演讲,她强调中美两国间教育合作具有很大的空间,未来中美两国高校可加强在创业教育方面的合作,培养更多具有创新和企业家精神的人才。

一本《世界是平的》(*The World is Flat*)曾在 12 年前掀起全球化研究的浪潮。2017 年,该书作者托马斯·弗里德曼(Thomas Friedman)来到 CCG,以全新视角就"科技创新重塑的全球化世界"主题发表精彩演讲,为"加速"时代中的大变革提供最新观察和洞见,充分发挥了智库前瞻性、战略性的议题研究作用。

波兰前副总理格泽高兹·W.科勒德克、国际移民组织总干事 William Swing、美国东亚事务助理国务卿 Walter Douglas、非洲开发银行行长 Donald Kaberuka、美国能源部助理部长 Jonathan Elkind、美国进出口银行行长 Fred Hochberg、亚洲开发银行研究院(ADBI)院长吉野直行博士(Dr. Naoyuki Yoshino)、国际研究协会(ISA)前主席安明傅(Amitav Acharya)等都曾访问 CCG 并发表演讲。

(4)走出去:在国际舞台上发出中国声音

在缔结了国际合作网络、建立了全球分支机构后,CCG 亲自"走出去",向世界发出中国好声音,是中国社会智库中最早"走出去"举办二轨交流活动的。历时 9 年,我们的足迹已遍布美国、欧洲和亚洲的很多国家,每到一处,我们都在认真而努力的向世界讲述中国故事。

①CCG 在美国。

作为社会智库,CCG 率先"走出去",在向国际社会展示中国新型智库的国际号召力和影响力的同时,也积极进行着中外之间开展学术、民间二轨交流机制的有益探索。

2016 年 9 月,当美国总统大选正进行的如火如荼之时,CCG 在美国华盛顿国会山附近举办了一场中美智库二轨对话圆桌会,CCG

负责人与美国前国务卿等 20 余位政府高级官员、资深智库专家共同就 BIT 谈判将遇到的挑战、未来中国对 TPP 将持怎样的态度、中国未来五年经济改革与政策将对中美关系产生的影响、G20 峰会能否推动成立全球论坛以应对钢铁产能过剩、中国企业在美投资环境、未来五年中国对外资开放服务业、中美共同应对逆全球化潮流等诸多问题展开了深入探讨。

2017 年 9 月,由拉丁美洲开发银行(CAF—Development Bank of Latin America)、美洲国家组织(The Organization of American States) 和美洲国家对话组织(The Inter-American Dialogue) 共同举办的第 21 届国际年会(The CAF Conference)①在华盛顿召开。全球化智库(CCG) 作为唯一受邀参加的中国智库与各国政要及智库学者就全球新动能和全球化新秩序等话题进行了一场思想的交流与碰撞。笔者首先论述了经济全球化面临的巨大挑战和全球治理需求与供给的不平衡,介绍了中国维护和创新全球化体系的实践,着重阐述了新兴全球化的推动力——“一带一路”为拉美国家带来的发展前景,以及加强“一带一路”国际合作共赢的中国方案。当金砖国家合作已进入第二个 10 年,我们还分享了于中国厦门落幕的第九届金砖国家领导人会议的经验,同时探讨了“金砖+”在推动“南南合作”和新的全球治理中扮演的重要角色。

2017 年 11 月 8 日,美国总统特朗普开启了其入主白宫以来的第一次访华行程。而中国共产党也刚刚成功召开了十九大。中美首脑会晤再次成为全球关注的焦点。为了迎接特朗普访华,更好加强中美双方尤其是智库领域的交流,10 月份 CCG 专家团深入美国的政商中心——华盛顿和纽约就中美关系的核心问题走访了美国政

---

① 年度 CAF 会议成立于 1996 年,由 CAF—拉丁美洲开发银行、美洲国家对话组织和美洲国家组织联合倡议,主要讨论美洲面临的最紧迫的发展事态,业已成为世界领导人辩论交流的首要高端国际论坛。

界、商界、智库界的各大机构并与其中众多有影响力人士进行了深入交流。期间先后与包括美国企业研究所(AEI)、传统基金会以及美国进步中心、对外关系委员会、移民政策研究所、战略与国际问题研究中心、伍德罗·威尔逊中心、彼得森国际经济研究所等主流智库和国会山两大党派的参众两院议员代表、亚洲协会、中国美国总商会、纽约百人会等中美商界代表进行了12场深入的交流和沟通活动。

②CCG在亚洲。

世界华人经济峰会,是全球华人增进了解与交流合作的重要平台。CCG在马六甲联合举办了第八届世界华人经济峰会,东盟五国前最高领导人出席,旨在与"一带一路"倡议一道提升中国和东南亚以及中国和欧洲国家之间的密切往来和商业合作。

以"实现亚洲和世界的平衡增长与可持续发展:智库的角色"为主题的2017全球智库峰会在日本横滨举行,140余位来自超过40多个国家、90多个组织的政策制定者和主要智库负责人参会,CCG作为唯一来自中国的智库进行了中国智库创新案例的主旨演讲。

新加坡、印度、日本、马来西亚……CCG通过举办论坛、参与各国及地区峰会等形式持续锻造着CCG的亚洲影响力。

③CCG在欧洲。

20世纪70年代,美苏争霸的世界格局下,相隔万里的中欧携手,开始了一段崭新的旅程。时光荏苒,转眼40年过去了,2015年,恰逢中欧建交40周年,6月30日,比利时布鲁塞尔,欧盟亚洲中心、英国兰开斯特大学孔子学院、德国阿登纳基金会(KAS)共同举办了"中欧移民与人才流动"专家圆桌会。CCG研究团队在"技术移民"等议题上分享了智库的最新研究成果。这种以非官方的形式建立中欧对话不失为一次探寻中欧合作路径的积极实践。

为集聚全球思想领袖,促进国家之间建设性的互动,寻找国际合作的新路径以共同应对全球挑战,比利时王国和美国亚洲协会联合

主办了"共创未来—亚洲欧洲美国战略合作研讨会",笔者①作为唯一来自中国的"国际青年领袖"代表,与来自美国、俄罗斯、比利时、印度等7个国家的"国际青年领袖"一起,在比利时王宫接受了比利时国王菲利普的会见,并就"新一代的全球洞察"作大会发言,传递出中国积极参与全球治理的声音。

5. 社会传播力:"大众的思想者"

智库的发声与公众的发声并不一样,它立足研究,声音更理性、更专业、更科学,为社会大众提供思想与观点,引导舆论,教育公众,服务公众,促进公民社会的发展。

(1)高端活动的社会影响力

智库可以通过公共活动,设置议题,影响社会舆论达成公众共识,从而推动政策。CCG依据中国的全球化战略、人才国际化和企业全球化等主要研究领域,以大型论坛、高端研讨会等形式邀请国内外政商学界知名人士贡献智慧,每年举办100多场活动,是国内举办活动最多的智库。目前已形成了包括"中国与全球化圆桌论坛""中国人才50人论坛""中国企业全球化论坛""全球化企业发展中国论坛""中国留学人员创新创业论坛"②"中国智库创新峰会"③"CCG月度午餐会""CCG智库圆桌会"和"CCG建言献策座谈会"等在内

① 指本书第一作者苗绿。
② CCG已连续十一年主办中国留学人员创新创业论坛暨欧美同学会北京论坛,数千名来自海内外的留学人员参加了历届论坛,论坛业已成为沟通海内外高层次人才深度交流思想的盛会。
③ 2016年6月,CCG联合宾夕法尼亚大学智库研究项目(TTCSP)、光明日报等举办了"2016中国智库创新峰会"。这是国内首次举办专门围绕智库创新进行研讨的高规格峰会,旨在更好地分析智库发展面临的新挑战与新问题,为中国特色新型智库创新发展建言献策。2017年6月,"2017中国全球智库创新年会"在青岛举行。本届年会以"建高端智库集群,促新旧动能转换"为主题,有关部委领导、青岛市政府领导以及来自20多个国家的70余家智库、200余位海内外智库专家、各界学者等嘉宾出席会议。

的多个智库活动品牌,产生了广泛的社会影响力。

作为中国最早以全球化命名的智库,CCG 长期跟踪和研究全球化进程与中国的全球化战略,首创"中国与全球化圆桌论坛",至今已连续举办三届。2017 年,在全球化面临重大挑战、逆全球化思潮出现的关键时刻,第三届论坛以"十字路口中的全球化——中国的机遇与挑战"为主题,两百多位 CCG 理事、学者专家和政、商、学界精英代表汇集一堂,发挥智库影响力,深入探讨全球化发展的新形势,研判全球化进程中的新挑战,共同为决策制定提供参考,为促进包容性全球化贡献中国智慧。路透社、法新社、BBC、Bloomberg、China daily、FT、华尔街日报、新华社、中新社、人民日报、中央电视台、凤凰卫视、光明日报、环球时报等在内的近百家国内外主流媒体全程跟踪报道了本届论坛,近 100 万人观看了论坛直播。

"中国企业全球化论坛"创办于 2014 年,至今已连续举办四届,CCG 致力于将其打造为一个"立足中国,走向全球"的新型世界经济论坛。论坛吸引了来自国内外政府、企业界以及学术界千余位精英人士踊跃参加,成为中国企业国际化主题下最具有代表性和权威性的高端论坛。

汇聚顶尖人才理论研究专家、政府人才工作政策制定者和中国企业界精英人才的"中国人才 50 人论坛"也连续举办了三届,成功架起学术研究、企业人才与公共政策之间的沟通桥梁,已成为中国人才领域的高峰会议。

(2)重视智库成果传播

在竞争白热化的思想市场上,若缺乏全方位的舆论传播机制,再好的思想也会被埋没。CCG 在与传统媒体建立良好合作关系的基础上,充分利用博客、微博、微信、推特、Facebook 等,构筑起一个全方位、多角度、立体式的传播平台。

CCG 与国内外近百家媒体保持了良好的合作。我们有专门的媒体与公共关系部,负责维系与媒体的关系,根据每年的活动制订媒体

计划,提前和媒体沟通,做到有的放矢。CCG 通过在国内外知名刊物、网站发表文章,通过接受媒体专访,通过研究成果新闻发布会以及论坛媒体邀请等形式广泛传播智库观点,发出智库声音。比如,2016 年在《人民日报》发表《积极参与全球经济治理》《为用人主体"松绑"》《挖掘国际人才"红利"》等评论文章;在《光明日报》发表《如何打造中国特色智库人才"旋转门"》《继续放开国际人才政策 发起设立国际人才组织》《建立具有国际竞争力人才制度优势的重要一步》等文章;在《环球时报》发表《中国应加快推动多边贸易机制》《为移民国际合作贡献中国智慧》《人才领域也需"供给侧改革"》等文章。除了国内主流媒体上可以经常看到 CCG 的身影,在诸多国际媒体上,如《金融时报》《经济学人》Times、联合国官方刊物等海外媒体也经常有 CCG 的声音。2017 年全国两会期间,CCG 还与人民日报旗下环球网联合推出系列高端访谈节目"撸起袖子加油干",采访全国政协委员、知名学者专家和部分 CCG 理事,就"两会"热点话题进行探讨,同步在环球网首页要闻区及"两会"专题特别推荐,在社会上引发强烈反响。

智库网站由专业团队负责。CCG 的网站①以中英文两个版本出现。在这里可以一览国内外顶级专家的风采,聆听他们的最新观点,了解他们的最新研究成果,还可以通过报名参加智库即将举办的对大众公开的论坛、研讨会等智库高端活动,得到与国内外顶级专家"面对面"交流的机会。

在移动互联网兴起之际,微信平台成为有力的传播渠道,大大提高了大众传播效果。CCG 根据智库的研究领域,共建立了 8 大微信平台,涵盖了留学、海归、移民、人才、企业等板块。通过微信平台实时推送智库的最新研究成果、智库观点、智库活动以及精心筛选了人才、企业等国际化研究领域的最新媒体报道。目前,其微信公众号粉

---

① CCG 中英文网站的网址分别是 http://www.ccg.org.cn/、http://en.ccg.org.cn/。

丝数已近四万人。为了优化微信的大众传播效果，CCG 将智库的研究成果通过大众化包装的方式，在微信的议题选择和传播手法上做到与时俱进，议题选择上注重时效性，跟进社会热点。在传播手法上则力求通俗易懂、形式新颖，努力抓住公众兴趣、吸引公众眼球。除了微信平台，CCG 还充分利用了博客、微博、Facebook、推特等传播渠道。截至 2016 年年底，CCG 的新浪博客访问量超过 455 万次。2017年年初，在清华大学发布的《2016 年度中国智库大数据报告》中，CCG 的微信公号影响力排名第四，居社会智库第一。

　　智库的生存环境已经发生了巨大的变化，全球化、互联网、社交媒体等正在重新定义着智库的运营方式，可以接触到政策制定者以及公众的渠道在快速更新，对移动设备依赖性的增加在改变着人们的阅读习惯与方式……面对着一个新的智库生态系统，CCG 通过自身实践总结出社会智库创新发展的"五力模型"。从成立之日起，我们就将研究重点放在中国的全球化战略、国际化人才与企业全球化方面，经过近十年的坚持与努力，获得了国内外的一致认可。CCG 认为，创新是社会智库良性发展的关键词，为了实现"以全球视野，为中国建言；以中国智慧，为全球献策"，我们将在这场创新马拉松中坚持不懈，一路向前。

PART 3　全球智库创新借鉴

结　语

··

　　经过近 40 年的改革开放,中国已成为世界第二大经济体。2016
年,中国对世界经济增长的贡献高居全球第一,这已经是中国连续第
十年成为世界经济增长的第一动力。在对全球经济发展做出巨大贡
献的同时,中国也面临着国内外的全新挑战:"中国改革经过 30 多
年,已进入深水区,可以说,容易的、皆大欢喜的改革已经完成了,好
吃的肉都吃掉了,剩下的都是难啃的硬骨头"。① 面对跌宕起伏、倏
忽变幻的国际局势,经济增长放缓、转型升级瓶颈、社会利益分化的
国内现实⋯⋯中国政府深刻意识到决策的科学化与民主化的重要
性,并希望通过智库建设来实现这个目标。

　　党的十八大以来,习近平总书记多次提出加强中国特色新型智
库建设。党的十九大报告中,习近平总书记再次提出,要加强中国特
色新型智库建设。伴随着《关于加强中国特色新型智库建设的意
见》《国家高端智库建设试点工作方案》《关于社会智库健康发展的
若干意见》等文件的相继出台,中国智库迎来了发展的最好机遇期,
各类智库如雨后春笋般涌现,中国特色新型智库体系初具规模,有效
推动了我国公共政策体系的完善。

────────────

①　2014 年 2 月 7 日,习近平主席在俄罗斯索契接受俄罗斯电视台专访的发言。

然而,中国特色新型智库建设过程中,还存在不少问题,正如习近平总书记在哲学社会科学大会上所言,有的智库研究存在重数量、轻质量的问题,有的存在重形式传播、轻内容创新问题,还有的流于搭台子、请名人、办论坛等形式主义的做法。客观地讲,中国称得上智库大国,却算不上智库强国。

中国特色新型智库要真正发挥"资政启民"的作用,需要在"新定位""新格局""新角色"的基础上进行"新探索"。

新定位

我国的体制优势就是"集中力量办大事",从中央到地方政府,决策效应非常迅速。但因辩论机制、研讨机制和智库间政策市场竞争机制等决策机制不够完善,决策效果会过度依赖政策质量。科学的决策需要决策者广泛听取各方面的意见,从不同的角度考虑决策对现实社会的影响以及可能产生的后果。因此,在现行体制下,中国要实现民主协商和科学决策,就需要避免各级政府在决策中的错误,让更多的智库参与进来,是保证中国能够避免出现决策错误的重要办法。智库成为中国协商民主的新模式、新力量和新发展方向是非常必要的。

新格局

中国的国情决定了我国智库目前的体系特点,即体制内智库占据主导地位,各类智库发展不均衡,多元发展格局未建立。改革开放初期,发展民营经济搞活了中国的市场经济,社会智库似思想市场的一群鲶鱼,是搞活思想市场的关键力量。社会智库与体制内智库如果拥有平等的同台竞技的机会,将大大提升中国智库的整体水平,有助于构建中国特色的智力支持体系,保证国家政策制定过程中有可选择的智力资源,不断提升政府决策的科学性,提高决策水准,促成

可持续的国家繁荣。

新角色

进入 21 世纪以来,随着融入世界步伐的加快,中国已从全球治理体系的"旁观者"和"局外人"转变为"参与者"和"推动者",并日益成为全球治理体系的中坚力量。智库在国际事务中的作用日益凸显,智库外交成为国家治理体系中不可或缺的组成部分。

相较于政府之间的"一轨"交流,国与国之间有时更需"1.5 轨""二轨"交流,因为这些交流方式更为灵活与自由,可以成为日后政策的"先导"。尤其是当两国关系出现波折、政府间沟通不畅时,智库以独立第三方的身份是担当"民间外交使者"的最佳人选。智库可以通过搭建国际交流平台,开辟高层对话的第二轨道,这一点对于现实中的中国尤为重要。中国智库需要培养外交关系意识,积极向国际社会展示中国新型智库的国际号召力和影响力,进行中外之间学术、民间二轨交流机制的有益探索。

新探索

如果将整个思想市场看作一个生态系统的话,那么,这个生态系统的环境已经发生了显著的变化,作为生态系统中的一员,智库传统的运营模式与信息传播方式都面临着严峻挑战。全球化、互联网、社交媒体等正在重新定义着智库的运营方式,可以接触到政策制定者以及公众的渠道在快速更新,对移动设备依赖性的增加在改变着人们的阅读习惯与方式……面对着新技术与大数据等带来的新挑战与新机遇,中国特色新型智库必须进行研究内容、运营模式、人才建设等全维度的行业持续创新,才能更好的参与全球思想市场的竞争,在世界范围内发出强有力的中国声音,深入参与全球治理,助推中国的"大国崛起"。

参考文献

REFERENCE

[1][美]安德鲁·里奇:《智库、公共政策和专家治策的政治学》,潘羽辉 译,上海:上海社会科学院出版社,2010 年。

[2]克利斯·弗里曼(Chris Freeman)、罗克·苏特(Luc Soete):《工业创新经济学》,华宏勋等译,北京:北京大学出版社,2004 年。

[3]柯银斌、吕晓莉:《智库是怎样炼成的?》,南京:江苏人民出版社,2016 年。

[4][美]雷蒙德·斯特鲁伊克:《完善智库管理:智库、"研究与倡导型"非政府组织及其资助者的实践指南》,李刚等译,南京:南京大学出版社,2017 年。

[5]李轶海:《国际著名智库研究》,上海:上海社会科学院出版社,2010 年。

[6]刘昌乾:《世界一流智库如何保证研究的独立性——基于美国布鲁金斯学会的研究》,《中国高教研究》2014 年第 9 期。

[7]里查德·哈斯(Richard N .Haass):《思想库与美国的外交政策:一个决策者的观点》,《国际论坛》2003 年第 6 期。

[8]李慧莲:《开创中国智库发展新时代》,《中国经济时报》2015 年 2 月 26 日。

[9]李桢:《智库对我国政府公共决策的影响力研究——以社科

院系统为例》,《情报资料工作》2012 年第 6 期。

[10]卢咏:《第三力量——美国非营利机构与民间外交》,北京:社科文献出版社,2010 年。

[11]帕瑞克·克勒纳(Patrick Koellner):《智库概念界定和评价排名:亟待探求的命题》,《中国行政管理》2014 年第 5 期。

[12]任晓:《第五种权力:论智库》,北京:北京大学出版社,2015 年。

[13][美]斯特鲁伊克:《经营智库:成熟组织的实务指南》,李刚等译,南京:江苏人民出版社,2015 年。

[14]唐纳德·E.埃布尔森:《智库能发挥作用吗?——公共政策研究机构影响力之评估》,上海:上海社会科学院出版社,2010 年。

[15]王辉耀、苗绿:《大国背后的第四力量》,北京:中信出版社,2017 年。

[16]王辉耀、苗绿:《大国智库》,北京:人民出版社,2014 年。

[17]王健:《智库转型:理论创新与实践探索》,北京:生活·读书·新知三联书店,2012 年。

[18]王佩亨、李国强:《海外智库:世界主要国家智库考察报告》,北京:中国财政经济出版社,2014 年。

[19]王莉丽:《论美国思想库的舆论传播》,《现代传播(中国传媒大学学报)》2010 年第 2 期。

[20]王文:《伐谋:中国智库影响世界之道》,北京:人民出版社,2016 年。

[21]吴金希:《"创新"概念内涵的再思考及其启示》,《学习与探索》2015 年。

[22]谢文泽:《巴西瓦加斯基金会研究、培训、教育"全面开花"》,《中国社会科学报》2016 年 1 月 7 日。

[23]薛澜、朱旭峰:《中国思想库的社会职能——以政策过程为

中心的改革之路》,《管理世界》2009 年第 4 期。

[24]原松华:《建设一流智库提升国家软实力》,《中国发展观察》2012 年第 12 期。

[25]杨谧:《中国智库的现状与未来》,《光明日报》2015 年 9 月 9 日。

[26]杨敏:《比利时布鲁盖尔国际经济研究所:异军突起的智库新锐》,《中国社会科学报》2013 年 5 月 29 日。

[27]郑永年等:《内部多元主义与中国新型智库建设》,北京:东方出版社,2016 年。

[28][美]詹姆斯·麦甘,安娜·威登、吉莉恩·拉弗蒂:《智库的力量》,北京:社会科学文献出版社,2016 年。

[29][美]詹姆斯·艾伦·史密斯:《思想的掮客:智库与新政策精英的崛起》,南京:南京大学出版社,2017 年。

[30] [美]詹姆斯·麦甘、[美]理查德·萨巴蒂尼:《全球智库:政策网络与治理》,韩雪、王小文译,上海:上海交通大学出版社,2015 年。

[31]张冠梓、黄晓勇:《智库的再造:中国社会科学院管理创新案例分析》,北京:社会科学文献出版社,2014 年。

[32]张志强、苏娜:《国际智库发展趋势特点与我国新型智库建设》,《智库理论与实践》2016 年第 1 期。

[33]郑讴:《印度观察家研究基金会:评估他国政策促成新研究》,《中国社会科学报》2013 年 12 月 20 日。

[34]朱旭峰、苏钰:《西方思想库对公共政策的影响力——基于社会结构的影响力分析框架构建》,《世界经济与政治》2004 年第 12 期。

[35]中国社会科学院拉丁美洲研究所:《全球拉美研究智库概览》(上、下),北京:当代世界出版社,2012 年。

[36]张振华:《赢在巅峰:影响中国未来的新智库》,北京:红旗出版社,2010年。

[37] 朱旭峰:《中国思想库:政策过程中的影响力研究》,北京:清华大学出版社,2009年。

[38]苗绿:《思想市场如何"智造升级"》,《环球时报》2017年5月5日。

[39]王辉耀、苗绿:《全球智库发展趋势及中国应对》,《中国社会科学报》2017年3月31日。

[40]苗绿、王辉耀:《社会智库如何利用运营机制创新促进发挥政策影响力》,《中国科学院院刊》2016年第8期。

[41]苗绿:《中国社会智库的政策影响机制分析——以中国与全球化智库(CCG)推动国际人才相关政策为例》,《智库理论与实践》2016年第5期。

[42]王辉耀、苗绿、邓莹:《中国社会智库的运营创新探析》,《智库理论与实践》2016年第2期。

[43]王辉耀、苗绿:《如何建设中国新型智库》,《决策与信息》2015年第1期。

[44]苗绿:《中国智库资金来源多元化初探》,《科学与管理》2017年第4期。

[45]王辉耀、苗绿:《全球化VS逆全球化》,北京:东方出版社,2017年。

[46]王辉耀、苗绿:《大转向:谁将推动新一波全球化?》,北京:东方出版社,2017年。

[47] Adam Alter.*Drunk Tank Pink*:*And Other Unexpected Forces That Shape How We Think*,*Feel*,*and Behave*,Penguin Books,2014.

[48] Andrew D. Selee.*What Should Think Tanks Do?*:*A Strategic Guide to Policy Impact* .Stanford University Press,2013。

[49] Andrew Rich. *Think Tanks*, *Public Policy*, *and the Politics of Expertise*, *Cambridge*, *UK*: *Cambridge University Press*, 2004.

[50] Diane Stone. "Think Tanks", in Neil J. Smelser and Paul B. Baltes eds. *International Encyclopedia of the Social & Behavioral Sciences*. Oxford: Elsevier, 2001.

[51] Donald E. Abelson. "The business of Ideas: The Think Tank Industry in the USA" in Diane Stone and Andrew Denham eds., *Think Tank Traditions: Policy Research and the Politics of Ideas* Manchester University Press, 2004。

[52] James G. McGann with Richard Sabatini. *Global Think Tanks: Policy Networks and Governance*, New York: Routledge, 2011.

[53] Jim Collins. *From Good to Great in the Social Sectors: A Monograph to Accompany Good to Great*, New York: Harper Business, 2001.

[54] Leslie R. Crutchfield and Heather McLeod Grant. *Forces for Good: The Six Practices of High - Impact Nonprofits*, San Francisco: Jossey-Bass, 2008.

[55] Martell, Luke. "The third wave in globalization theory." *International Studies Review 9*, no.2 (2007): 173-196.

[56] Paul Brest and Hal Harvey. *Money Well Spent: A Strategic Plan for Smart Philanthropy*, New York: Bloomberg Press, 2008.

[57] Peter F. Drucker. *Managing the Nonprofit: Principles and Practices*, New York: Harper Collins Business Edition, 2005.

[58] Sarah Durham. *Brandraising: How Nonprofits Raise Visibility and Money Through Smart Communications*, San Francisco: Jossey-Bass, 2010.

[59] Simon Sinek. *Start with Why: How Great a Nonprofit That Builds Buzz, Delights Donors, and Energizes Employees*, San Francisco:

参
考
文
献

Jossey-Bass, 2009.

[60] Stephen Denning. *The Secret Language of Leadership*: *How Leaders Inspire Action Through Narrative*, San Francisco: Jossey - Bass, 2007.

[61] Thomas Medvetz. *Think Tanks in America*, University of Chicago Press, 2012.

后 记

POSTSCRIPT

作为中国特色新型智库的探索者与实践者,我们把建立中国真正的国际化智库作为毕生追求的一项事业。在全球化智库(CCG)创立之初,我们就确立了"以全球视野为中国建言,以中国智慧为全球献策"的智库宗旨。十年来,我们带领着CCG率先"走出去",在香港、华盛顿、纽约、法兰克福、伦敦和巴黎设立海外代表、在海外举办高规格国际研讨会、在国际高端会议上发出中国声音、积极探索智库"二轨外交",发挥中国新型智库的国际影响力。

在探索中前进,在前进中思考,在思考中总结。今天,全球化的理念、互联网、社交媒体、云技术……智库赖以生存的环境已发生重大变化,身处信息爆炸、速度更迭更快的竞争环境中的中国智库必须学会应对。本书对全球30多个智库创新案例进行了深入剖析,总结出创新型智库建设所需的五大要素,并从人才、研究、传播、资金、合作五个维度探索智库实现系统化创新的方法,为中国特色新型智库建设提供丰富的参考借鉴。

本书的写作得到了多方的支持、启发、帮助和指导。

本项图书研究得到了北京东宇全球化人才发展基金会的支持。

在这里,我们还要感谢全球化智库(CCG)研究人员于蔚蔚、任月园,他们收集、翻译和分析相关资料,对本书做出了贡献。

借此机会,我们还要感谢人民出版社的黄书元社长对本书的顺利出版所提供的积极支持。

本书写作周期较长,虽然付出很多心血,鉴于笔者水平能力有限,书中难免出现纰漏。我们欢迎社会各界批评指正,以便在未来的研究中改进。

衷心希望本书的出版能够为相关专家、学者和智库从业者及政府部门提供参考和借鉴价值,以促进我国在智库领域进行深入研究,并推动中国智库的健康发展。

苗　绿　王辉耀

2017 年 8 月于北京

统　　筹:任　超
责任编辑:洪　琼

图书在版编目(CIP)数据

全球智库/苗绿,王辉耀 著. —北京:人民出版社,2018.1
ISBN 978 - 7 - 01 - 017850 - 9

Ⅰ.①全… 　Ⅱ.①苗…②王… 　Ⅲ.①咨询机构-研究-世界
　Ⅳ.①C932.81

中国版本图书馆 CIP 数据核字(2017)第 144374 号

全球智库
QUANQIU ZHIKU

苗　绿　　王辉耀　著

人民出版社 出版发行
(100706　北京市东城区隆福寺街 99 号)

北京中科印刷有限公司印刷　　新华书店经销

2018 年 1 月第 1 版　　2018 年 1 月北京第 1 次印刷
开本:710 毫米×1000 毫米 1/16　印张:12.5
字数:200 千字　印数:0,001-5,000 册

ISBN 978 - 7 - 01 - 017850 - 9　定价:39.00 元

邮购地址 100706　北京市东城区隆福寺街 99 号
人民东方图书销售中心　电话 (010)65250042　65289539